Coverfoto: shutterstock/Nina Firsova
Fotos Umschlagrückseite: shutterstock/Marcin Jucha (li.), shutterstock/Alexandra Anschiz (Mitte), shutterstock/Sunvic (re.)

Auf Wunsch senden wir Ihnen gerne kostenlos unser Verlagsverzeichnis zu.
Leopold Stocker Verlag GmbH
Hofgasse 5
Postfach 438
A-8011 Graz
Tel. +43 (0)316/821636
Fax. +43 (0)316/835612
E-Mail: stocker-verlag@stocker-verlag.com
www.stocker-verlag.com

BIBLIOGRAPHISCHE INFORMATION DER DEUTSCHEN NATIONALBIBLIOTHEK
Die Deutsche Nationalbibliothek verzeichnet diese Publikation in der Deutschen Nationalbibliographie; detaillierte bibliographische Daten sind im Internet über http://dnb.d-nb.de abrufbar.

Hinweis: Dieses Buch wurde auf chlorfrei gebleichtem Papier gedruckt. Die zum Schutz vor Verschmutzung verwendete Einschweißfolie ist aus Polyethylen chlor- und schwefelfrei hergestellt. Diese umweltfreundliche Folie verhält sich grundwasserneutral, ist voll recyclingfähig und verbrennt in Müllverbrennungsanlagen völlig ungiftig.

ISBN 978-3-7020-2056-9

(1. Auflage 2017, Kneipp Verlag)
Umschlaggestaltung, Satz und Repro: Werbeagentur Rypka GmbH, A-8143 Dobl,
Unterberg 58–60, www.rypka.at

Vorwort

Für den US-amerikanischen, auf gastronomische Themen spezialisierten Journalisten Michael Pollan ist die Fermentation von Lebensmitteln eine eloquente Form des Protestes. Sie helfe den Sinnen, sich gegen geschmackliches Einerlei und kulinarische Monotonie aufzulehnen und sei eine Art der Auseinandersetzung mit der Welt – eine Unabhängigkeitserklärung. Es gehe hier, meint Pollan, nicht nur um die Zubereitung und Konservierung von Kohl & Co, sondern um soziales Lernen und im wörtlichen Sinne auch darum, Hand anzulegen – was einem passiven, auf industriellen Konsum ausgerichteten Lebensstil entgegenwirke.

Dass sich viele Menschen in Theorie und Praxis mit dem Fermentieren von Gemüse beschäftigen, ist ein relativ neues Phänomen.

Ich finde, es kommt zur rechten Zeit, macht Spaß, ist kinderleicht, bunt, kreativ und heilsam – und es bietet die Möglichkeit, sich optimal zu versorgen und der heutigen Lebensmittelindustrie kraftvoll etwas entgegenzusetzen.

Eine ganze Menge der für unsere Gesundheit so wichtigen Bakterien ist durch die industrielle Nahrungsmittelproduktion und Konservierung verloren gegangen. Beim Fermentieren, dem Gären(lassen) unter Sauerstoffausschluss, entstehen hingegen wertvolle Bakterien. Sie sorgen für die Gesundheit unseres Darms und damit für einen allgemein guten Gesundheitszustand – immerhin finden mehr als 70 Prozent unserer Immuntätigkeit im Darm statt.

Kurz gesagt: Ist der Darm gesund, sind wir es auch!

Fermentierte Produkte enthalten aber nicht nur für unseren Stoffwechsel nötige Bakterien, sie sind auch hervorragende Lieferanten von Vitaminen, Mineral- und Ballaststoffen. Die Fermentation kann sogar zur Entstehung wichtiger Vitalstoffe beitragen, beispielsweise zur Entstehung von Vitamin B_{12}.

Einer ganzen Reihe von Erkrankungen, die heute unter dem Oberbegriff »ernährungsbedingte Zivilisationskrankheiten« zusammengefasst sind, wird mit Fermenten wirkungsvoll begegnet: Unverträglichkeiten, Karies, Arthrose, Gicht, Verstopfung, Allergien, Neurodermitis, Gefäßerkrankungen, Krankheiten der Verdauungsorgane, Schäden an Leber und Galle – sie alle stehen im Verdacht, ernährungsbedingte Ursachen zu haben.

Die Fermentationsrezepte, die ich für dieses Buch kreiert habe, vereinen Ideen aus aller Welt und bringen sie in neue Zusammenhänge: Kraut wird scharf – auf koreanische Kimchiart – zubereitet, Rettich im Japanstyle, Paprika und Kürbis thailändisch oder mit Wildkräutern ... Probieren Sie »nach Vorlage«, oder verwandeln Sie – wenn Sie etwas Übung haben – meine

Foto © Shutterstock/senella

Vorschläge nach eigenem Belieben und Gusto in Ihre ganz persönliche Rezeptsammlung: Die Welt der Gewürze ist groß und beim Fermentieren kann man seiner Kreativität freien Lauf lassen. Letztendlich verhält es sich wie in der gehobenen Küche: Man hat ein Produkt und überlegt sich, was geschmacklich dazu passt oder einen Kontrapunkt setzen könnte – und so entstehen Rezepte, die neugierig auf das Ergebnis machen.

Ich habe für meine Fermente zehn Gemüsesorten ausgewählt – im Rezeptteil (ab S. 25) erfahren Sie einiges über deren Vorzüge: Lesen Sie nach, was die Karotte Gutes tut und wobei die Papaya hilft ... Aber vor allem: Machen Sie sich ans Werk! Bereiten Sie zum Beispiel das Original-Kimchi mit China- oder Spitzkohl zu (oder aber verwenden Sie heimische Arten wie Rot- oder Weißkohl, Brokkoli, Rettich, Gurken und Radieschen). Sie dürfen die Fermente in diesem Buch »nachmachen« oder abwandeln, Sie erkunden für sich, welche vielleicht bisher unentdeckte Geschmacksrichtung Ihnen besonders zusagt, welches Kräutlein mit welchem Gemüse harmoniert – und Sie zaubern mit der Rohkost ganz tolle Salate. Auf jeden Fall können Sie neue Wege in Sachen Ernährung einschlagen: Schlechte Essgewohnheiten können verändert werden, wenn Sie sich nur ein wenig Zeit nehmen.

Im Kapitel »Das passt zu Fermenten« (ab Seite 73) finden Sie Rezepte für zumeist warme vegane bzw. vegetarische Hauptgerichte, die bestens mit Fermenten harmonieren – denn diese sind eine wunderbare Beilage zu allen möglichen Gerichten.

Auch hier werden hauptsächlich meine zehn bevorzugten Gemüsesorten verwendet: Sie haben wenige Kalorien, aber viele Vitamine und Ballaststoffe und sind deswegen bestens zum Abnehmen geeignet. An Gemüse darf man sich satt essen, lebendige Lebensmittel können nie zu viel gegessen werden.

Im Kapitel »Turbowirkung bestimmter Lebensmittel für die Darmgesundheit« (ab Seite 93) stelle ich Ihnen dann noch kurz einige starke Lebensmittel für Ihre Darmgesundheit vor – man kann sie als echtes Powerfood bezeichnen. Zum Großteil wachsen sie in unseren Breiten, bestimmt auch in Ihrer näheren Umgebung. Eine neue gesunde Ernährungsweise mit viel Gemüse und Fermenten können Sie mit diesen Nahrungsmitteln wunderbar ergänzen und unterstützen.

»Fermentieren – Superfood für den Darm« richtet sich an alle, die sich gesünder ernähren und ihren Speiseplan erweitern wollen – und unterstützt Menschen, die unter Problemen wie Allergien und Verdauungsstörungen leiden. Vor allem aber richtet es sich an jene, die gar nicht mehr selber kochen können oder wollen. Dieses Buch will zur Tat anregen und die Scheu vor einem Wiedereinstieg nehmen: Mit den einfachen und trotzdem bunten, vielfältigen und internationalen Rezepten und Gewürzen ist der Weg in eine frohe Koch- und Fermentier-Kultur schnell gefunden.

Wie gesagt: Gehen Sie's einfach an – ich bin überzeugt davon, dass nur ein Motto gilt: Wer lesen kann, der kann auch kochen!

Viel Freude beim Fermentieren wünscht Ihnen

Katrin Thomas

Inhalt

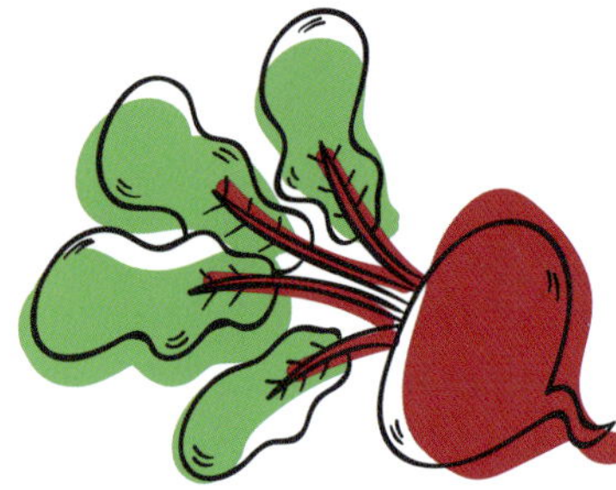

Foto © shutterstock/Casanisa

Eine wiederentdeckte Kunst

KATZ UND DIE FERMENTISTAS

Sandor E. Katz hat das Fermentieren in den Vereinigten Staaten in den 1990er-Jahren wiederentdeckt. Er lebt in einer Wohngemeinschaft, die versucht, sich weitgehend autark zu ernähren. Die Bewohner dieser WG stellen viele Lebensmittel selbst her und empfinden dies als aktive und kreative Möglichkeit, sich mit guter und äußerst gesunder Nahrung zu versorgen. Katz erfreut sich dank der von ihm gewählten Ernährungs- und Lebensweise trotz seiner Aidserkrankung – fast möchte man sagen – bester Gesundheit.

Mittlerweile erlebt die Kunst des Fermentierens eine neue Blütezeit: Eine richtige Fermentationsbewegung hat sich – in Stadt und Land – in Gang gesetzt. Fermentistas nennen sich die Protagonisten dieser Bewegung. Sie legen großen Wert darauf, Lebensmittel gesund, phantasievoll und auf eigenverantwortliche, selbstbestimmte Art und Weise herzustellen. Zu den alten kommen frische und Kochkulturen verbindende Rezepte, unglaublich würzige Gemüsefermente entstehen.

AUCH EINE EUROPÄISCHE TRADITION

In unseren Breiten erinnert man sich erst seit relativ kurzer Zeit wieder ganz bewusst dieser Art der Haltbarmachung von Lebensmitteln. Durch ausländische Restaurants in den Städten wurden vor allem hervorragend fermentierte Gemüse aus Japan und Korea bekannt.

Dabei hat auch Europa in Sachen Fermentation Tradition – und einiges zu bieten: Mixed Pickles in England, Oliven in Südeuropa und vieles mehr. Auch das gesunde Sauerkraut oder die allseits beliebten Salzgurken sind Beispiele für fermentiertes Gemüse, das schon ewig auf diese althergebrachte Art und Weise haltbar oder – wie bei den Oliven – erst essbar gemacht wird. Wein ist ohne Fermentation ein Saft, der nach wenigen Tagen schlecht werden würde oder aber erhitzt werden müsste.

VITAMINBRINGER ALTER ZEITEN

Wir wissen, dass Bakterien überall auf der Welt vorhanden sind, auch auf der Haut und den Oberflächen aller Dinge. Obst und Gemüse wanderten früher meist sofort nach dem Pflücken in den Mund, nicht alles war geputzt und desinfiziert und pasteurisiert aus Angst vor EHEC-Bakterien, Salmonellen etc. Gesunde Bakterien waren bis in die 1960er-Jahre ein natürlicher Bestandteil der Nahrung.

Während es heute modern ist, regionale Produkte zu kaufen, hatten die Menschen noch vor wenigen Jahrzehnten keine andere Wahl. Sie mussten sich für den Winter Vorräte anlegen, um auch in der kalten Jahreszeit Nahrungsmittel mit genügend Vitaminen und Vitalstoffen zur Verfügung zu haben. Kartoffeln, Kohl, Karotten, Rüben wurden eingelagert und hielten bis zur neuen Ernte.

Fermentiertes Gemüse war ein echter Vitamin- und Vitalstoffschatz. Heute fehlen uns verschiedene probiotische Bakterien, die früher ganz selbstverständlich in Sauerkraut, Gurken und Rohmilchprodukten vorhanden waren, sehr – wie sehr, das haben europäische Forscher erst kürzlich festgestellt: Das vermehrte Auftreten von Diabetes 2, Allergien, Darmkrankheiten, Verdauungsproblemen und vielen anderen Erkrankungen wird zunehmend in Verbindung mit der konservierten (Supermarkt-)Nahrung betrachtet.

ALLES MUSS STERIL SEIN

Mit der Verbreitung des Kühlschranks und der immer größer werdenden Angst vor Keimen kam die Welle des Sterilisationswahns, der bis heute anhält. Gemüse, das durch Fermentation haltbar gemacht wurde, gibt es bisher kaum zu kaufen – und wenn, dann nur in weiterverarbeiteter Form. Auch die bekanntesten heimischen Fermente, Sauerkraut und saure Gurken, werden, bevor sie in den Handel kommen, pasteurisiert – und die für uns hilfreichen Bakterien dadurch wieder abgetötet.

Was ist so gesund an Fermentiertem?

Fermentation, Gärung oder Milchsäuregärung ist weltweit die älteste Methode, um Lebensmittel haltbar zu machen – auf natürliche und gesunde Weise.

- Beim Fermentieren wird das Gemüse nicht erhitzt, es werden keine Stabilisatoren oder sonstigen Konservierungsstoffe benötigt, weshalb alle Vitamine, Mineralstoffe und Enzyme erhalten bleiben bzw. sich sogar vermehren.
- Durch den Gärprozess entstehen Vitamin A, Vitamin B_{12} (produziert vom Lactobacillus reuteri) und andere B-Vitamine, Vitamin C, Vitamin K_2 und natürlich die unschätzbar guten Darmbakterien. Zucker ernährt diese Bakterien und wird von ihnen abgebaut.

- Vitalstoffe und Milchsäurebakterien (Probiotika) sorgen für mehr Darmgesundheit und unter anderem dafür, dass Eisen aus der Nahrung besser aufgenommen und verwertet werden kann.
- Fermentierte Produkte sind gerade auch für vegan und vegetarisch lebende Menschen interessant, da Vitamin B_{12} beispielsweise in tierfreier Kost kaum vorkommt.

FERMENTATION IST (SPONTAN-)GÄRUNG

Der Chemiker Justus Freiherr von Liebig entdeckte im neunzehnten Jahrhundert, dass in Sauerkrautfässern Milchsäure entsteht: Bakterien, die bereits auf den Blättern des Weißkohls leben, bauen den darin enthaltenen Zucker zu dieser schwachen Säure ab. Das Kraut wird sauer, und es entsteht Kohlendioxid, das den aggressiven Sauerstoff aus dem Gemisch austreibt. Unerwünschte Mikroorganismen können sich hier nicht mehr durchsetzen.

Beim Fermentationsprozess vermehren sich also für den Menschen wichtige Milchsäurebakterien, man könnte sagen, die gesunden Inhaltsstoffe potenzieren sich. Zucker, der in jeder Frucht vorhanden ist, wird abgebaut.

Mit wenig Aufwand entsteht ein super-gesundes und sehr schmackhaftes Produkt.

Da 70 bis 80 Prozent unserer Immunabwehr im Darm stattfinden, ist es natürlich besonders wichtig, dieses Organ gut zu behandeln und zu versorgen. Ein gesunder Darm schützt uns vor Krankheiten physischer wie auch psychischer Natur.

Über gute Bakterien und Darmgesundheit

Grafik © shutterstock/Palugada

Verantwortlich für die gesunden Auswirkungen von Fermentiertem sind die durch Gärung entstandenen Milchsäurebakterien (der Einfachheit halber nenne ich die »guten« Bakterien hier meist Milchsäurebakterien, obwohl es sehr viele unterschiedliche Arten und Kulturen gibt). Sie haben einen enormen gesundheits- sowie schlankheitsfördernden Effekt.

Apropos Milchsäure: »Moderne« Fermente schmecken nicht automatisch sauer. Durch die verschiedenen Gewürze können sie auch süß, neutral, »thai-scharf«,»limonig«, »currylike« und vieles andere mehr sein.

PERFEKTE BEDINGUNGEN FÜR GUTE BAKTERIEN

Die Bakterien, die auf der Oberfläche von Gemüse und anderen Nahrungsmitteln leben, mögen eine sauerstoffarme Umgebung für ihre Vermehrung. Diese Umgebung finden sie beim Fermentieren in der Salzlake.

Grundsätzlich ernähren sich diese Bakterien von Zuckern, Salzen, Pilzen und von für den Menschen schlechten oder sogar krankmachenden Bakterien, die auch im Magen- und Darmtrakt zu finden sind. Im Gemüse gibt es genügend Zuckervorräte, die während der ersten Tage der Fermentation aufgefressen und umgewandelt werden. Und so können sich die guten Bakterien während des Gärprozesses geradezu explosionsartig vermehren: Ein Probiotikum entsteht.

Es ist wichtig, dass man die guten Darmbakterien regelmäßig füttert. Die Faustregel lautet: Nehmen Sie täglich zumindest ein bis zwei Löffel Fermentiertes zu sich!

GESUNDE DARMFLORA – KEINE HEISSHUNGERATTACKEN

Gute Bakterien zersetzen Stärke und Zucker in für den Menschen besonders verträgliche Einfachbestandteile. Dies unterstützt die Verdauung schon im Magen und entlastet Leber und Galle.

Zudem verdrängen Milchsäurebakterien Mikroorganismen, die sich im Darm von Zucker ernähren. Diese schlechten Bewohner schreien regelrecht nach mehr Zucker, wenn der Vorrat im Darm aufgebraucht ist, und können damit einen echten Schokolade- und Kuchenhype auslösen. Mit einer gesunden Darmflora, die entsteht, wenn man regelmäßig fermentierte Lebensmittel sowie rohes (Bio-)Gemüse verzehrt, gibt es keine Heißhungeranfälle mehr, deshalb wird man automatisch schlanker.

Mit einer Ernährung, die regelmäßig fermentiertes Gemüse enthält, verschwinden Heißhungerattacken, der Gusto auf Süßes oder Chips & Co lässt nach.

Fermentierte Nahrungsmittel und rohes Gemüse enthalten auch viele Vitamine und Ballaststoffe. Der Verzehr von Ballaststoffen ist – so vermutet man heute – eine wichtige Basis für einen gesunden Darm. Die Ballaststoffe füllen den Magen und unterstützen eine gesunde und regelmäßige Verdauung. Sie füttern die guten Darmbakterien, sind wichtig als Quell- und Füllstoffe und fungieren als Transporthilfe: Der Stuhlgang wird weich, Verstopfungsprobleme verschwinden. In großem Stil sind Ballaststoffe in Chicorée, Brokkoli, Erbsen, Karotten, Kartoffeln, Rosen- und Weißkohl, Vollkornprodukten, Nüssen und Samen, Hülsenfrüchten, Obst – und wie gesagt – in Fermentiertem zu finden.

VORSICHT BEI GALLENPROBLEMEN UND HISTAMINUNVERTRÄGLICHKEIT

Menschen, die mit Gallenproblemen zu kämpfen haben oder empfindlich auf Histamine reagieren, sollten mit fermentierten Produkten vorsichtig sein – und die Sache auf jeden Fall langsam angehen: Es ist sinnvoll, sich an diese Nahrungsmittel heranzutasten, etwa erst einmal Rohkostsalate in den Speiseplan einzubauen und erst dann Schritt für Schritt auch Fermentiertes. Blähungen sind ein Teil der Umstellung und können für empfindliche Menschen unter Umständen ziemlich qualvoll sein. Aber auch alle anderen werden in der ersten Zeit mit großer Wahrscheinlichkeit öfter darunter leiden – das ist Teil der Umstellung im Darm, also des »Kampfes der Bakterien« und ganz normal.

Fermentieren macht Spaß ...

... und ermöglicht einen neuen und eigenständigen Zugang zu Lebensmitteln.

Da im Handel erhältliche Fermente wie Sauerkraut oder Salzgurken zusätzlich konserviert oder erhitzt wurden, sind darin keine lebenden Milchsäurebakterien mehr enthalten. Schon aus diesem Grund heißt das Motto auch bei diesen überall und jederzeit erhältlichen Produkten: Selber machen!

FERMENTE SIND NIE GLEICH - ES LEBE DAS UNVORHERGESEHENE!

Jetzt kommt Kreativität in die Küche, denn es gibt viele Möglichkeiten, Rezepte auszuprobieren und seine Lieblingskombinationen zu finden – die obendrein stets anders schmecken. Das gerade frisch eingelegte Kraut schmeckt nach dem Fermentationsprozess bestimmt nicht gleich wie das Kraut vom letzten Mal – was an unterschiedlichen Umgebungstemperaturen und anderen Gewürz- bzw. Salzmengen, am wechselnden Zuckergehalt des Gemüses und an vielem mehr liegt. „Was wird wohl in diesen Gläsern entstehen?", das ist eine Frage, die man sich bei jedem Mal Fermentieren aufs Neue stellen kann.

Kosten Sie, was ins Glas kommt: Wichtig ist, dass das Produkt schon vor dem Fermentationsprozess schmeckt – dann ist es auf einem guten Weg.

EINE LEICHTE SACHE

Ein weiterer Vorteil dieser Zubereitungsart ist seine Praxistauglichkeit: Fermentieren ist total einfach und wenig zeitaufwendig. Schon nach einer halben Stunde Arbeit kann man auf einen Vorrat schauen, der ein paar Wochen lang gesunde Beilagen liefert.
Bei jedem Einkauf kann man auf andere Gemüsesorten setzen, um dann neue Rezepte auszuprobieren. Weil Fermentiertes lange, d. h. einige Wochen bis Monate haltbar ist, wird der Kühlschrank bald mit bunten Gläsern gut gefüllt sein – da kann ein richtiges Gedränge entstehen.

Schneiden, raspeln, würzen und in die Gläser schichten, das ist schon fast das ganze Geheimnis.

Fermentieren bringt Ruhe und Gelassenheit: Selbst in Phasen, in denen man mal keine Zeit hat, ist Gesundes immer verfügbar!

Mit Fermentiertem kann man sich auch im Büro und ergänzend zur Kantinennahrung gesund ernähren. Alle Fermente können gut im Glas transportiert und gegessen werden (und schmecken als feiner Brotbelag).

Foto © shutterstock/donald34

FERMENTIDEEN AUS ALLER WELT

Es gibt nicht nur die Möglichkeit, Kraut und Gurken auf die althergebrachte Art und Weise einzulegen: Die ganze Welt bringt uns neue Rezepte. Ideen für Fermente lauern quasi überall, sei es beim Vietnamesen oder im Thai- oder Korearestaurant, sei es in Kochbüchern. Die angegebenen Zutaten bzw. Mengen müssen dabei nicht unbedingt eins zu eins übernommen werden.

Bei der einen oder anderen Koch- und Fermentieraktion entstehen dann im Trial-and-Error-Verfahren oft wunderbare und leckere Kreationen – mit vielleicht neuen, bisher unbekannten Gewürzkombinationen (asiatische und arabische Gewürze und Soßen ermöglichen zum Beispiel eine erstaunliche Vielfalt).

Auch die Fermente in diesem Buch sind Crossover-Variationen: Ich habe vieles ausprobiert und dabei getestet, was geschmacklich zu welchem Gemüse passt.

Man kann die Rezepte hier originalgetreu nachahmen oder kreativ weiterentwickeln – was bestimmt spannende und wohlschmeckende neue Impulse in die Küche bringt. Probieren Sie Fermentiertes als Beilage oder Hauptspeise – mit vielen köstlichen Rohkostsalaten zum Beispiel wird es Ihre Ernährung bereichern und Ihre Mahlzeiten ausgewogen machen. Ich möchte Sie auch inspirieren, neue Gerichte auszuprobieren, die besonders gut zu fermentiertem Gemüse passen (ab Seite 73).

KIMCHI – BESTANDTEIL JEDER KOREANISCHEN MAHLZEIT

In Korea wird heute noch sehr viel fermentiert – pro Person werden täglich etwa 100 Gramm fermentiertes Gemüse gegessen. Kimchi, ein scharf eingelegter Kohl oder Rettich u. a., ist Teil jeder koreanischen Mahlzeit und mittlerweile eines der weltweit bekanntesten Fermente (deshalb gibt es auch so viele verschiedene Möglichkeiten und Rezepte). Große Steinguttöpfe stehen vor den Häusern und versorgen die Menschen mit dieser traditionellen, hochwertigen Nahrung, nicht nur im Winter.

In den Städten besitzen die Koreaner eigene Kimchikühlschränke, da die Lagerung der Tontöpfe in den gut beheizten Wohnungen nicht mehr funktioniert. Diese Kühlschränke haben ein spezielles System eingebaut, durch das sehr viele Fermentgläser Platz finden.

KOREANISCHER ESSTIPP

Da man von Fermentiertem nicht allzu viel essen kann und muss, folgen wir den Koreanern und servieren mehrere unterschiedliche Fermente auf kleinen Tellern als Beilagen zu einem Hauptgericht.

Fermentation: die Anleitung

Bereiten Sie eine Basislake, indem Sie in einem Liter Wasser zwei gestrichene Esslöffel Meersalz ohne Jodzusatz auflösen. Gurken benötigen etwas mehr Salz, zwei gehäufte Esslöffel pro Liter Wasser reichen aber.

Wenn Sie für ein Ferment Sojasoße, Curry oder salzhaltige Produkte verwenden, kann der Salzanteil auch geringer ausfallen. Ist das Leitungswasser gechlort oder anderweitig beeinflusst, empfiehlt es sich, auf Mineralwasser ohne Kohlensäure zurückzugreifen. Manche Menschen kochen das Wasser ab, um Bakterien, Viren und Pilze abzutöten. Die Zugabe von Essig, wie sie mancherorts empfohlen wird, ist nicht nötig (der Essig schadet den gesunden Inhaltsstoffen eher).
Schon bei der Zubereitung kann man kosten, ob die Lake schmeckt: Sie sollte salzig, aber nicht versalzen sein.

Schälen Sie das Gemüse, wenn nötig, schneiden Sie es in bissgerechte Stücke und schichten Sie es bis auf etwa drei Viertel der Höhe in die Einmachgläser. Zwei bis drei Zentimeter sollten bis zum Glasrand auf jeden Fall frei bleiben, da beim Fermentationsprozess das große Sprudeln und Blubbern beginnt und die Lake sonst überquillt. Sauerkraut, Rotkohl (Rotkraut), Spitz- und Chinakohl werden vor dem Fermentieren geraspelt, mit Salz eingerieben und geknetet (siehe Rezeptteil). Schichten Sie die Gewürze in regelmäßigen Abständen mit ein oder vermischen Sie alles zuerst in einer Schüssel.

Wie der Salzgehalt sollte auch die Schärfe getestet werden: »Essbar scharf« darf's sein, Panikgefühle sollten allerdings nicht ausgelöst werden (das Ferment ist später nicht mehr ganz so scharf wie beim Ansetzen, der Schärfegrad nimmt etwas ab). Wenn's einmal doch zu »spicy« ist, hilft es, durch den offenen Mund zu atmen, ein paar Schluck Tee zu trinken und zu speicheln. Scharf essen ist übrigens trainierbar (und gesund).

Gießen Sie dann mit dem Salzwasser auf. Damit Schimmelpilze keine Chance bekommen, muss das gesamte Gemüse vollständig mit Wasser bedeckt sein. Strünke, große Blattstücke von Kohl (Kraut) und Roter Bete (Roter Rübe) oder flache Steine können zum Beschweren genutzt werden. Wenn Sie nichts zum Beschweren zur Hand haben, sollten Sie täglich einen Blick auf den Fortgang der Fermentation werfen und das Gemüse gegebenenfalls nach unten schieben. Wenn Sie die Gläser „im Vorbeigehen" hin und wieder schütteln, können Gasbläschen in die Luft entweichen, und das Gemüse wird weniger stark noch oben gedrückt. Legen Sie die Deckel auf die Einmachgläser, aber schrauben Sie sie nicht zu.

Foto © shutterstock/Yuliya Padina

Ideal für die Fermentation ist eine Temperatur von etwa 20 °C (es kann aber auch etwas mehr oder weniger sein), da dann ein gemächlicher Gärprozess möglich ist. Bei einer Temperatur von 30 °C vergärt das Gemüse sehr schnell und muss unter Umständen schon am zweiten Tag der Fermentation in den Kühlschrank. Es bildet sich dann sehr viel Schaum, und das Gemüse wird so stark nach oben gedrückt, dass Luft an das Gärgut kommen kann – was im Prinzip die einzige Gefährdung für das Gelingen des Fermentierens darstellt.
In den ersten zwei bis sieben Tagen, je nach Umgebungswärme, startet der Umwandlungsprozess. Milchsäurebakterien wandeln den Zucker, der in jeder Frucht und in jedem Gemüse enthalten ist, in Milchsäure um, Kohlendioxid treibt den Sauerstoff aus dem Gemisch. Dieser Vorgang ist gut zu beobachten: Im Glas steigen Bläschen auf und drücken das Gärgut nach oben. Fäulnisbakterien bekommen keine Nahrung mehr, da der Sauerstoff fehlt – ein gesundes saures Milieu entsteht.

Es kann wie gesagt nicht schaden, täglich zu überprüfen, ob das Gemüse weiterhin mit Lake bedeckt ist, da es beim Fermentieren manchmal sehr stürmisch zugeht und die Flüssigkeit überquillt – so gärt das Ganze zum Beispiel im Sommer, wenn Temperaturen von über 25 °C herrschen, schneller (siehe oben). Sie können zwischendurch ruhig probieren, ob Ihnen das Ferment bereits schmeckt oder ob noch Verbesserungen vonnöten sind – man kann weiterhin nach- oder anders würzen. Manchmal hilft es, etwas Salz nachzugeben, zum Beispiel wenn sich eine weiße schlierige Schicht oben anlegt: Löffeln Sie die Schicht ab, streuen Sie Salz auf das Ferment – und lassen Sie es weiterblubbern oder stellen es in den Kühlschrank.

Wenn sich das Sprudeln legt, also nach etwa drei bis sieben Tagen, schrauben Sie die Gläser zu und stellen Sie Ihre Fermente in den Kühlschrank oder Keller – sie sind sofort verzehrfähig, halten aber unterschiedlich lange (siehe die Angaben bei den Rezepten). Fermente arbeiten übrigens auch im Kühlschrank weiter, allerdings so langsam, dass man hier nichts falsch machen kann.

Weichere Gemüsesorten wie Gurke, Radieschen oder Kürbis sind weniger lange haltbar, sie sollten innerhalb von sechs Wochen verbraucht werden. Fast alle Gemüsesorten können fermentiert werden, doch sind die etwas festeren vorzuziehen. Gemüse wird durch die Gärung generell etwas weicher, und es kann sein, dass es sonst zu breiig wird.
Es ist nicht nötig, Bio-Gemüse allzu viel zu säubern, denn unsere Freunde, die Bakterien sitzen auch auf der Schale. Da wir sie benötigen, laden wir sie jetzt ein. So brauchen wir keine Starter für das Fermentieren, die Umwelt stellt alles zur Verfügung.

TIPPS UND TRICKS: SO GELINGEN IHRE FERMENTE

- Stark chloriertes Wasser funktioniert nicht, verwenden Sie besser Mineralwasser ohne Kohlensäure.
- Es ist wichtig, dass das Salz nicht jodiert ist, nehmen Sie am besten Meersalz.
- Bewahren Sie Ihre Fermente in Glas- oder Tongefäßen auf. Ideal sind Marmeladen- oder Gurkengläser, besonders bewährt haben sich Gläser mit einem Fassungsvermögen von 300 bis 500 Gramm. Größere Gurkengläser für 650 Gramm bis ein Kilogramm sind ideal für die Vorratshaltung von Sauerkraut. Kleine Gläser eignen sich zum Mitnehmen für die Mittagspause oder als Mitbringsel.
- Stellen Sie die Gläser zu Beginn des Fermentierens mit aufgelegtem, aber nicht verschlossenem Deckel am besten auf einen flachen Teller oder auf ein Tablett, da es während der ersten Tage zum Überschäumen kommen kann.
- Drücken Sie das Gärgemüse immer wieder nach unten, oder schütteln Sie die Gläser. Gießen Sie (Salz-)Wasser nach, wenn etwas übergeschäumt ist. Das Gemüse muss immer abgedeckt sein!
- Weiches Gemüse wird beim Fermentieren noch weicher und sollte schneller verbraucht werden, vor allem mit Pilzen und Gurken angereicherte Fermente sind hier zu nennen. Oft empfiehlt es sich, eine Soße daraus zu pürieren. Diese ist dann auch wochenlang haltbar.
- Malerklebeband aus Papier ist ideal zur Beschriftung Ihrer Gläser. Notieren Sie das Datum und die Art des Fermentes – wenn Sie erst auf den Geschmack gekommen sind, ist Ihr Kühlschrank nämlich schnell ziemlich voll, und Sie fragen sich dann bestimmt hin und wieder, was wohl in dem einen oder anderen Glas drinnen ist …
- Setzen Sie am besten auf bio! Rohstoffe aus biologischer Landwirtschaft sind immer empfehlenswert – gerade auch für die Fermente aus diesem Buch: Biogemüse braucht nämlich nicht geschält zu werden (bei Gemüse aus konventionellem Anbau ist die Schale meist begast und mit Pestiziden belastet). Produkte aus biologischem Anbau stecken voller Gesundheit, konventionell Angebautes kann da meist nicht mithalten: Dass die Erde durch die intensive Nutzung der Böden und durch Überdüngung kaum noch Kraft hat und relativ minderwertige, wenn nicht gar schädliche Produkte liefert, ist kein Geheimnis. Wenn Ihnen keine Bioware zur Verfügung steht, gilt aber noch immer der Grundsatz: (Irgend-)ein Gemüse ist besser als gar kein Gemüse! Waschen Sie die Lebensmittel auf jeden Fall gut bzw. entfernen Sie die Schale.

Eigenleben mit Überraschungen

Sie werden sehen: Es macht Spaß, neue Ferment-Kreationen zu erschaffen! Als Gewürze stehen alle grünen Kräuter, auch Wildkräuter, zur Verfügung. Geben Sie sie am besten ganz unten ins Glas, oder vermischen Sie sie mit dem geraspelten Gemüse, und drücken Sie alles so fest wie möglich ins Glas. Da Kräuter sehr leicht sind, können sie nach oben schwimmen, und das stellt eine potenzielle Schimmelgefahr dar. Alles muss unter (Salz-)Wasser sein: Im sauerstofffreien Raum sind Lebensmittel haltbar, die Bildung von Schimmel wird verhindert.

Es gibt beim Fermentieren fast keine Grenzen, aber, wie gesagt, immer wieder Überraschungen. Fermente entwickeln nämlich ein Eigenleben – auch wenn sie zum Beispiel zweimal nach ein und demselben Rezept zubereitet wurden: Die Ergebnisse schmecken maximal ähnlich, nie aber gleich. Experimentieren Sie mit allerlei Gemüsesorten, aber auch mit den unterschiedlichsten Würzmöglichkeiten: mit Soja- oder anderen asiatischen Soßen, mit Kümmel, Curry, arabischem Gewürzpulver, allen Pfefferarten, Wachholderbeeren, Koriander, Fischsoße, Ingwer, Knoblauch, Zwiebeln, Lauch, Senfkörnern oder Senf, Essig, Gomasio, schwarzem Sesam, Lorbeer, Zimt, Nelken, Chilis, Limetten, Zitronen ...

Asiasoßen sind sehr lange haltbar. Wenn Sie also die Gelegenheit haben, legen Sie sich einen Vorrat zu (auch im Internet können Sie fündig werden)!

Im folgenden Rezeptteil werden zehn beliebte Gemüsesorten zu bekömmlichen Fermenten verarbeitet: Rote Bete (Rote Rübe), Kohl (Kraut), Rettich und Radieschen, Karotte, Paprika, Gurke, Papaya, Sellerie, Kürbis und Fenchel. Zu jedem Gemüse gibt es drei Fermentideen – mit ein bisschen Übung lassen sich diese Anregungen nach eigenem Gutdünken abwandeln.

Im Kapitel „Das schmeckt zu Fermenten" finden Sie Rezepte für Gemüsegerichte, die ideale Ferment-Begleiter darstellen. Und zum Schluss erfahren Sie einiges über die Turbowirkung bestimmter Lebensmittel für die Darmgesundheit.

EIN TIPP FÜR VEGETARIER BZW. VEGANER

Die im Rezeptteil oft verwendete Fischsoße kann man gut durch diese vegane Variante ersetzen: Algen in Gemüsebrühe kurz aufkochen und mit Sojasoße abschmecken. Pürieren oder durch ein Sieb gießen. Die Soße ist im Kühlschrank einige Zeit haltbar.

Foto © shutterstock/Marcin Jucha

Fermentrezepte

ROTE BETE (ROTE RÜBE), KOHL (KRAUT), RETTICH UND RADIESCHEN, KAROTTE, PAPRIKA, GURKE, PAPAYA, SELLERIE, KÜRBIS UND FENCHEL.

Die Rote Bete (Rote Rübe)

Mit diesem Gemüse erhöhen Sie Ihre Leistungsfähigkeit, Ihr Wohlbefinden – und bringen Farbe auf den Teller.

DIE ROTE BETE UNTERSTÜTZT

- die Haut (Radikalfänger schützen die Zellen vor Alterung),
- Leber und Galle (ist die Verdauung gut, ist die Immuntoleranz hoch),
- Herz und Blutgefäße (blutdrucksenkend),
- Fettverbrennung und Leistungsfähigkeit, das hilft beim Abnehmen,

... und schützt

- vor Krebs und Alzheimer.

SIE ENTHÄLT

- Folsäure und Betanin (deshalb möglichst oft roh verzehren!),
- die Vitamine A, B und C,
- Mineralstoffe wie (viel) Eisen, Kalzium, Magnesium, Natrium, Phosphor und
- sekundäre Pflanzenstoffe.

Japanisches Rote-Bete-Ferment

ZUTATEN

für 3–4 Gläser à 300–500 g

4 Rote Beten (Rote Rüben) à 500 g

4 Karotten

Meersalz

Saft von 1 Zitrone

Für die Soße

3 cm Ingwer

2 EL Mirin (japanischer Reiswein aus dem Asiashop, siehe Seite 71)

3 EL Sojasoße

1 EL Zucker

100 ml Sake oder Weißwein

Ingwer schälen und klein hacken. Alle Zutaten für die Soße in einen Topf geben, 2 Minuten aufkochen und dann abkühlen lassen. Rote Beten und Karotten schälen und in mundgerechte Stücke schneiden.

Aus 1 l Wasser und 2 EL Salz eine Lake herstellen. Gemüse in Gläser füllen. Nacheinander mit Zitronensaft, der abgekühlten Soße und Salzlake aufgießen, bis das Gemüse bedeckt ist.

Deckel auf die Gläser legen. Mindestens 3 Tage fermentieren lassen, dabei das Gemüse täglich mit den Fingern bzw. einem Plastik- oder Holzlöffel nach unten schieben. Wenn das Blubbern nachgelassen hat, Gläser zuschrauben und im Kühlschrank lagern.

HALTBARKEIT & VERWENDUNG

Dieses Ferment ist mild und passt gut aufs Brot. Es ist sehr lange haltbar, d. h. auf jeden Fall mindestens 2 Monate (meist aber sogar deutlich länger).

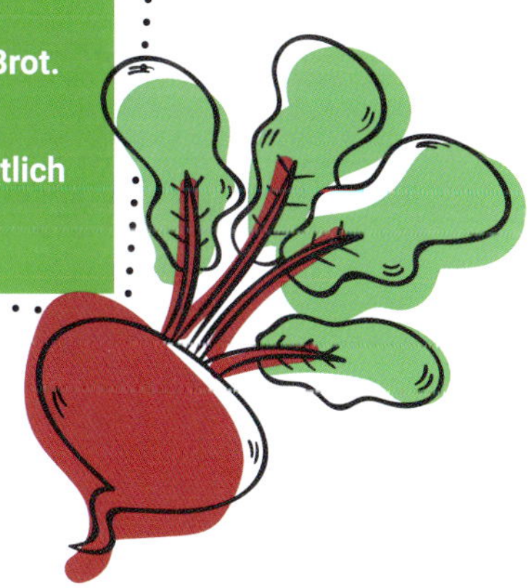

Wasabi-Edamame-Rote-Bete-Ferment

ZUTATEN

für 3–4 Gläser à 300–500 g

200 g Edamame

Meersalz

3 mittelgroße Rote Beten (Rote Rüben)

1–2 TL Wasabi oder scharfer Meerrettich (Kren)

4 EL Sojasoße

Edamame 3 Minuten in Salzwasser kochen. Wasser abgießen.

Rote Beten schälen und zu kleinen Stücken raspeln oder in Scheiben schneiden. In einer großen Schüssel Wasabi und Sojasoße vermischen. Rote Beten und Edamame unterziehen. Alles in Gläser füllen.

Aus 1 l Wasser und 2 EL Salz eine Lake herstellen und ebenfalls in die Gläser füllen, dabei etwa 3 cm bis zum Glasrand frei lassen. Deckel auf die Gläser legen, nicht zudrehen.

Bei Zimmertemperatur mindestens 3 Tage fermentieren lassen, das Gemüse zwischendurch immer wieder nach unten schieben. Dann die Gläser verschließen und in den Kühlschrank stellen.

HALTBARKEIT & VERWENDUNG

Dieses Ferment passt zu Kartoffelauflauf, Rösti oder Reis. Es sollte relativ schnell, d. h. innerhalb von 4 Wochen verbraucht werden.

Tipp! **Edamame sind unreif geerntete Sojabohnen. Sie sind in den meisten Asialäden erhältlich, können hier aber gut durch Tiefkühl-Erbsen ersetzt werden.**

Rote-Bete-Pfeffer-Ferment

ZUTATEN

für 3–4 Gläser à 350–500 g

3–4 Rote Beten (Rote Rüben)

2 cm Ingwer

3 Knoblauchzehen

5–7 Karotten

1 TL rosa Pfefferkörner

Meersalz

1 EL Sojasoße

1 TL Sesamöl

Siehe Bild auf Seite 26.

Rote Beten, Ingwer und Knoblauch schälen, Karotten waschen und nur schälen, wenn die Haut sehr dick ist. Rote Beten und Karotten zu bissgerechten Stücken zerkleinern, Ingwer und Knoblauch hacken. Alles in die Gläser schichten, 3 cm bis zum Rand frei lassen. Pfeffer in Lagen dazugeben.

Aus 1 l Wasser und 2 EL Salz eine Lake herstellen. Sojasoße und Sesamöl zur Salzlake geben. Das Gemüse in den Gläsern gut mit dieser Flüssigkeit bedecken. Deckel auf die Gläser legen, nicht zudrehen. Mindestens 3 Tage bei Zimmertemperatur gären lassen. Das Gemüse zwischendurch immer wieder nach unten schieben.

Bei Bedarf Wasser nachfüllen, das Gemüse muss immer bedeckt sein. Wenn der Sprudelprozess abgeschlossen ist, abschmecken und bei Bedarf mit Salz und Pfeffer nachwürzen. Gläser zudrehen und in den Kühlschrank stellen.

HALTBARKEIT & VERWENDUNG

Dieses Ferment ist bis zu 6 Monate haltbar, immer knackig frisch und mild. Es kann jede Zwischenmahlzeit bereichern.

Foto © shutterstock/Casanisa

Der Kohl (das Kraut)

Weltweit weiß man diese Vitaminbombe zu schätzen, seit der Antike wird sie als Heilpflanze verwendet. Durch das Fermentieren werden die positiven Eigenschaften noch verstärkt.

DER KOHL

- stärkt Herz und Kreislauf,
- wirkt krebshemmend durch Antioxidantien,
- sorgt für eine gesunde Darmflora (Schutz vor Infekten und Darmerkrankungen),
- ist kalorien- und fettarm (regt die Fettverbrennung an durch seine vielen Ballaststoffe und ist daher ideal zum Abnehmen).

ER ENTHÄLT

- Provitamin A und die Vitamine B, C und E,
- Mineralien (besonders Kalium),
- Folsäure,
- Ballaststoffe und
- sekundäre Pflanzenstoffe.

ZUTATEN

für 4 Gläser à 500 g

1 Rotkohl (Rotkraut)
Meersalz
1 rote Zwiebel
1 Apfel
Pfeffer
10–15 Wachholderbeeren

Rotkohlferment

Rotkohl so klein wie möglich schneiden, Strünke und äußere Blätter beiseitelegen. Kohl mit 3–4 TL Salz vermengen. Kneten, bis Saft austritt. Saft beiseitestellen.

Zwiebel und Apfel klein schneiden bzw. reiben und mit etwas Pfeffer und den Wacholderbeeren zum Kohl geben. Mehrmals durchwalken.

In Gläser füllen, mit dem Rotkohlsaft aufgießen und, wenn nötig, mit Wasser auffüllen, 5 cm bis zum Glasrand frei lassen. Strünke oder äußere Kohlblätter als Abschluss benutzen. Festdrücken.

Mindestens 3 Tage bei Zimmertemperatur mit nicht zugeschraubtem Deckel blubbern lassen. Dann Gläser zuschrauben und im Kühlschrank aufbewahren.

HALTBARKEIT & VERWENDUNG

Rotkohlferment schmeckt angenehm wie Salat. Es bleibt sehr lange knackig und frisch (8 Wochen oder länger) und passt als Beilage zu Brot, Reis und Kartoffelgerichten.

Tipp! **Mit Weißkohl wird das Ganze zu Sauerkraut. Probieren Sie dieses Rezept auch mit anderen Kohlsorten wie Rosen-, Spitz- oder Blumenkohl, Brokkoli oder Chinakohl aus – es lohnt sich!**

ZUTATEN

für 4 Gläser à 400–500 g

- 2 China- oder Spitzkohle
- Meersalz
- 1–2 EL Chilipulver
- 2 TL Sardellenpaste oder Thai-Fischsoße
- 3 Knoblauchzehen
- 4 cm Ingwer
- 1 Birne
- 1 kleiner Rettich oder 5 Radieschen
- 2 EL Sesamöl
- 2 TL Zucker
- 2 Frühlingszwiebeln oder 1 rote Zwiebel

Kimchi

Siehe Bild auf Seite 30.

Kohl in bissgerechte Stücke zerteilen. Strünke und dicke Blätter beiseitelegen.

Aus 1 l Wasser und 2 EL Salz eine Lake herstellen. Restliche Zutaten – wenn notwendig – schälen und zerkleinern. In die Salzlake geben. Kohl dazugeben und durchziehen lassen. Alles in die Gläser füllen und festdrücken, 5 cm bis zum Glasrand frei lassen. Mit Wasser aufgießen, bis alles bedeckt ist. Kohlstrünke oder dicke Blätter als Deckel über dem Kimchi festdrücken. Gläserdeckel auflegen, aber erst nach mindestens 3 Tagen bei Zimmertemperatur festschrauben. Gläser in den Kühlschrank stellen.

HALTBARKEIT & VERWENDUNG

Kimchi schmeckt scharf und asiatisch – und hält etwa 6 Wochen.

Tipp! **Am besten schmeckt mir koreanisches oder türkisches Chilipulver, gut ist aber auch Chilipaste.**

Tipp! **VEGAN: Verwenden Sie »Fischsoße« aus Algen (siehe Seite 23) oder lassen Sie diese Zutat hier einfach weg.**

ZUTATEN

für 4 Gläser à 350–500 g

1 kg Weiß- oder Spitzkohl

2 Karotten

8 kleine Cherrytomaten

1 frische Chilischote

1 EL Fischsoße

1 EL Zucker

3 EL Zitronen- oder Limettensaft

2 EL frischer Koriander, geschnitten, oder
2 TL gemahlener Koriander

1 EL frische Pfefferminze, geschnitten

1 EL Sesamöl

Meersalz

Fermentierter Thai-Kohl

Kohl und Karotten raspeln und in eine Schüssel geben. Alle anderen Zutaten außer dem Salz dazugeben. Umrühren und in Gläser füllen.

Aus 1 l Wasser und 2 EL Salz ein Lake herstellen und in die Gläser füllen, dabei 3 cm bis zum Glasrand frei lassen. Deckel auflegen, nicht zudrehen und bei Zimmertemperatur mindestens 3 Tage fermentieren. Dann Deckel zudrehen und Gläser in den Kühlschrank stellen.

HALTBARKEIT & VERWENDUNG

Der Thai-Kohl ist mindestens 6 Wochen haltbar und wie Rohkost als Beilage zu verwenden. Besonders gut schmeckt er mit grünem Salat oder mit einer Reispfanne.

Tipp! **VEGAN: Verwenden Sie »Fischsoße« aus Algen (siehe Seite 23).**

Foto © shutterstock/Sunvic

Rettich und Radieschen

Die Gesundheitsverstärker sind vor allem im Winter sehr nützlich, weil sie wirksam gegen Bakterien und Viren kämpfen und somit einen guten Schutz gegen (Erkältungs-)Krankheiten darstellen.

RETTICH UND RADIESCHEN

- bekämpfen Bakterien mit Senfölen,
- entwässern, das hilft beim Abnehmen,
- wirken krampflösend bei Husten (Winterrettich),
- sind verdauungsfördernd und kalorienarm, man kann damit »beim Essen abnehmen«.

SIE ENTHALTEN

- B-Vitamine,
- Kalium und Kalzium sowie
- Glukosinolate, die stark gegen Krebszellen wirken und die Abwehr stärken.

Rettichferment

ZUTATEN

für 4 Gläser à 300–500 g

- 4 EL Sojasoße
- 1 EL Zucker
- 2 cm Ingwer
- 2 Frühlingszwiebeln
- 2 Knoblauchzehen
- 1 sehr großer Rettich (ca. 20 cm) oder 3 kleine
- 2 TL Gomasio
- 1–2 TL Chilipulver, je nach Geschmack
- 1 TL Sesamöl
- 2 TL Meersalz

Sojasoße und Zucker vermengen.

Ingwer, Zwiebeln und Knoblauch schälen und klein schneiden. Rettich ebenfalls klein schneiden und mit allen anderen Zutaten in die Soße einrühren. Mehrmals durchwalken. 1 Stunde stehen lassen, hin und wieder umrühren. Dann in Gläser füllen.

Wenn notwendig, mit Wasser aufgießen, bis das Gemüse 1 cm hoch mit Flüssigkeit bedeckt ist.

Deckel auf die Gläser legen, Gläser bei Zimmertemperatur stehen lassen. Den Fermentierprozess beobachten, bei Bedarf das Gemüse nach unten schieben, es muss immer mit Flüssigkeit bedeckt sein.

Nach 3–7 Tagen kosten und eventuell nachwürzen. Hat sich das Sprudeln gelegt, Gläser in den Kühlschrank stellen.

HALTBARKEIT & VERWENDUNG

Das Rettichferment ist mein Lieblingsferment, es hält ewig und passt zu allem.

Tipp! **Bei diesem Rezept können Sie mit Chilis experimentieren: Ähnlich wie Kimchi kann man Rettich mild, aber auch sehr scharf essen. Versuche mit frischen roten Chilis sind spannend für Fans der koreanischen oder thailändischen Küche. Übrigens: Wussten Sie, dass man scharf essen trainieren kann?**

Radieschenferment

ZUTATEN

für 3–4 Gläser à 400 g

3 Bund Radieschen
evtl. etwas Dill
evtl. etwas Schnittlauch
1 TL Koriandersamen, alternativ etwas Sojasoße
2 EL Meersalz
Pfeffer

Siehe Bild auf Seite 34.

Radieschen halbieren oder in Scheiben schneiden. Dill und Schnittlauch etwas zerkleinern. Mit Koriandersamen bzw. Sojasoße in die Gläser geben, dann Radieschen einschichten.

Aus 1 l Wasser und 2 EL Salz eine Lake herstellen, mit 1 Prise Pfeffer würzen. Lake zu den Radieschen gießen. Deckel auf die Gläser legen.

Radieschen 3–5 Tage bei Zimmertemperatur fermentieren lassen. Danach Gläser zuschrauben und in den Kühlschrank stellen.

Achten sie unbedingt darauf, dass die Kräuter während der ersten Fermentiertage unter Wasser sind – legen Sie eventuell wassergefüllte Tiefkühlbeutel zum Beschweren auf.

HALTBARKEIT & VERWENDUNG

Das Radieschenferment bringt Frische ins Spiel. Es passt zu jeder (Zwischen-) Mahlzeit, als Vorspeise oder Beilage zu warmen Gerichten ist es ein Hit. Weil es nicht sehr stark riecht, kann man es auch gut ins Büro mitnehmen. Allerdings sollte dieses Ferment innerhalb eines Monates aufgebraucht werden.

Tipp! **Dieses Ferment eignet sich gut für Einsteiger: Es ist unaufgeregt neutral, aber durch die natürliche Schärfe der Radieschen sehr angenehm zu essen – und vor allem supereinfach herzustellen.**

Rettich-Radieschen-Ferment

ZUTATEN

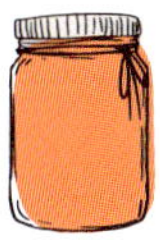

für 4 Gläser à 350–500 g

2 EL Meersalz

1 EL Mirin (japanischer Reiswein aus dem Asiashop, siehe Seite 71)

1 EL Sojasoße

1 EL Zucker

Saft und Schalenabrieb von 1 Bio-Zitrone

1 EL Erdnussbutter

2 Schalotten oder rote Gemüsezwiebeln

1 großer Rettich (ca. 30 cm)

1 Bund Radieschen

Aus 1 l Wasser und 2 EL Salz eine Lake herstellen. Mit Mirin, Sojasoße, Zucker, Zitronensaft und Erdnussbutter vermischen. Zwiebeln klein schneiden und dazugeben.

Rettich schälen. Radieschen und Rettich in mundgerechte Stücke schneiden und mit der Salzlake übergießen. Zitronenschale dazugeben. Durchziehen lassen und dann in Gläser einfüllen, 3 cm bis zum Glasrand frei lassen. Deckel auf die Gläser legen.

Mindestens 3 Tage bei Zimmertemperatur fermentieren lassen. Dann mit zugedrehtem Deckel in den Kühlschrank stellen.

HALTBARKEIT & VERWENDUNG

Das Rettich-Radieschen-Ferment ist etwa 6 Wochen haltbar. Es passt gut zu Brot und Kartoffelauflauf.

Foto © shutterstock/schokolades

Die Karotte

Sie lässt uns wirklich besser durchblicken:
Das Beste der Karotte steckt allerdings in der Schale – deshalb lieber nur putzen oder, wenn notwendig, dünn mit dem Sparschäler schälen.

DIE KAROTTE

- schützt vor Krebs,
- heilt Haut und Schleimhäute,
- sorgt für eine gute Verdauung und
- verbessert das Hell-Dunkel-Sehen.

SIE ENTHÄLT

- Betacarotin (Vitamin-A-Vorstufe),
- die Vitamine C und K,
- Kalzium, Kalium, Zink und
- Ballaststoffe.

Arabisch-asiatisch fermentierte Karotten

ZUTATEN

für 3 Gläser à 400 g

½ Zwiebel oder 3 Frühlingszwiebeln

2 cm Ingwer

8–12 Karotten

2 Handvoll Koriandergrün

Saft von 1 Limette

1 EL Zucker

2 TL gelbe oder rote Currypaste (Asiashop, siehe Seite 71)

1 TL Kurkuma

½ TL Kreuzkümmel

1 Prise arabisches Gewürz (Bioladen)

1 Prise Salz

1 Prise Pfeffer

2 TL Mandelmus

250 ml gut gesalzene Gemüsebrühe

1 EL Meersalz (bei Bedarf)

Zwiebel und Ingwer schälen und klein schneiden. Alle Zutaten – außer Karotten, Koriander, Limettensaft und Salz – in einem Topf kurz aufkochen und dann abkühlen lassen.

Währenddessen Koriandergrün klein schneiden, Karotten schälen und in kleine Scheiben schneiden. Mit dem Koriander in die Gläser einschichten. Mit Limettensaft aufgießen. Abgekühlte Soße in die Gläser füllen, das Gemüse sollte zur Gänze mit Flüssigkeit bedeckt sein.

Bei Bedarf aus 1 l Wasser und 1 EL Salz eine Lake herstellen und Gläser weiter auffüllen. Deckel auf die Gläser legen.

Gemüse mindestens 3 Tage bei Zimmertemperatur fermentieren lassen und dabei täglich nach unten schieben. Wenn der Sprudelprozess beendet ist, Deckel zudrehen und Gläser im Kühlschrank aufbewahren.

HALTBARKEIT & VERWENDUNG

Die fermentierten Karotten passen zu Reis und Kartoffelgerichten, aber auch zu Tofu. Das Gericht schmeckt orientalisch gut und hält bis zu 6 Monate.

Tipp! **Wenn Sie eine Bio-Limette kaufen, können Sie für dieses Ferment neben dem Saft auch die abgeriebene Schale verwenden.**

Karotten-Ingwer-Ferment

ZUTATEN

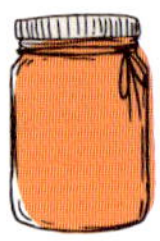

für 3 Gläser à 400 g

Meersalz
10–12 Karotten
½ Zwiebel
1 Knoblauchzehe
2–4 cm Ingwer
1 TL Senfkörner
1 TL rosa Pfefferkörner

Aus 1 l Wasser und 2 EL Salz eine Lake herstellen.

Karotten (wenn notwendig), Zwiebel, Knoblauch und Ingwer schälen. Karotten in mundgerechte Stücke, Zwiebel, Knoblauch und Ingwer klein schneiden. Alle Zutaten vermischen und in die Gläser füllen. Mit Salzlake aufgießen, dabei 3 cm bis zum Glasrand frei lassen. Deckel auflegen und nicht zuschrauben. Nach 3–7 Tagen Gläser fest verschließen und in den Kühlschrank stellen.

HALTBARKEIT & VERWENDUNG

Dieses leuchtende Gemüse ist zu allen Jahreszeiten eine »sonnige« Beilage. Es schmeckt recht kräftig und hält mehrere Monate.

Bunte-Schüssel-Ferment

ZUTATEN

für 3–4 Gläser à 350–500 g

400 g Karotten

200 g Rotkohl (Rotkraut)

200 g Weißkohl (Weißkraut)

Meersalz

ein paar Zweige Kräuter nach Geschmack

schwarzer Pfeffer

1 TL rosa Pfefferkörner

5 Wachholderbeeren

2 EL Olivenöl

1 EL Balsamicoessig

2 EL Zitronensaft und Schalenabrieb von 1 Zitrone

1–2 EL Honig

Karotten und Kohl raspeln. Mit 1 EL Salz in eine Schüssel geben und kneten, bis das Gemüse zu schwitzen anfängt. Alle übrigen Zutaten miteinander vermengen.
Aus 1 l Wasser und 1 EL Salz eine Lake herstellen. Salzlake über das Gemüse gießen und alles in Gläser füllen, 3 cm bis zum Glasrand frei lassen. Deckel auf die Gläser legen, nicht zudrehen.

Bei Zimmertemperatur mindestens 3 Tage fermentieren lassen, dabei Gemüse und Kräuter immer wieder unter das Wasser schieben – sie dürfen nicht an die Luft kommen. Dann die Gläser verschließen und in den Kühlschrank stellen.

HALTBARKEIT & VERWENDUNG

Das Bunte-Schüssel-Ferment hält mindestens 6 Wochen, passt zur Jause, schmeckt aber auch fein mit Spaghetti.

Foto © shutterstock/Elena Hramova

Die Paprika

**Dieses Gemüse bringt dem Körper geballte Pflanzenkraft.
Die Paprika ist das Vitamin-C-reichste Gemüse, hilft gesund zu bleiben (und auch bei der Fettverbrennung).**

DIE PAPRIKA

- bringt Kraft für Herz und Kreislauf durch Flavonoide,
- arbeitet zellschützend durch viele Antioxidantien und
- hilft bei Arthrose.

SIE ENTHÄLT

- die Vitamine A, B und C (vor allem die rote Paprika) sowie
- Kalium, Magnesium und Zink.

Fermentierte Paprika in Mangosoße

ZUTATEN

für 3 Gläser à 400 g

3–4 rote Paprika
Meersalz
2 Handvoll Koriandergrün

Für die Soße
3 cm Ingwer
2 Stängel Zitronengras (wenn vorhanden, sonst weglassen)
3 TL Sambal Manis (Asiashop, siehe Seite 71)
3 EL Mangosoße (Asiashop, siehe Seite 71)
Schalenabrieb von 1 Bio-Limette oder 1 Bio-Zitrone
2–3 EL Zucker
1 Prise Zucker
2 Spritzer Fischsoße
1 TL Korianderpulver

Ingwer für die Soße schälen und klein schneiden. Zitronengras von der äußeren Hülle befreien, dann in ca. 5 cm große Stücke schneiden. Mit den anderen Zutaten für die Soße in einem Topf kurz aufkochen und dann abkühlen lassen. Paprika in mundgerechte Stücke schneiden, Kerne entfernen. Paprika mit jeweils einer Prise Salz gut einsalzen. Koriander klein schneiden und mit den Paprika in die Gläser füllen. Die erkaltete Soße in die Gläser gießen.

Aus 1 l Wasser und 2 EL Salz eine Lake herstellen und die Gläser damit auffüllen (3 cm bis zum Glasrand frei lassen).
Deckel auf die Gläser legen, nicht zudrehen.

Paprika bei Zimmertemperatur mindestens 3 Tage fermentieren lassen. Täglich das Gemüse in die Lake drücken. Wenn der Sprudelprozess nachlässt, Gläser fest verschließen. Ferment im Kühlschrank aufbewahren.

HALTBARKEIT & VERWENDUNG

Dieses Ferment ist süß und scharf wie ein Chutney, aber gesünder. Es hält etwa 6 Wochen.

Tipp! **Püriert ergibt das Paprikaferment eine feine Soße.**

Tipp! **VEGAN: Lassen Sie die Fischsoße hier einfach weg.**

Röstpaprikaferment

ZUTATEN

für 3–4 Gläser à 350–500 g

10 Spitzpaprika (grün oder rot)

4 Knoblauchzehen

etwas Öl

bei Bedarf 300 g Rotkohl (Rotkraut) oder Wirsing (Kohl)

Meersalz

Paprika einige Minuten ohne Fett bei 200 °C grillen. Knoblauch schälen, stückeln und in Öl leicht anbraten. Paprika in Stücke schneiden, Kerne entfernen. Paprika in die Gläser füllen, Knoblauch dazugeben. Wer mag, kann die Gläser mit geraspeltem Kohl auffüllen.

Aus 1 l Wasser und 2 EL Salz eine Lake herstellen. Salzlake in die Gläser gießen, 3 cm bis zum Glasrand frei lassen. Deckel auflegen.

Mindestens 3 Tage bei Zimmertemperatur fermentieren. Wenn das Sprudeln nachgelassen hat, Deckel zudrehen und Gläser im Kühlschrank aufbewahren.

HALTBARKEIT & VERWENDUNG

Das Ferment sollte innerhalb von 6 Wochen verbraucht werden. Es schmeckt wie Paprika im Glas aus dem Supermarkt, ist aber ungleich gesünder – und passt zu fast allem.

Fermentierte Paprika mit Lorbeer und Kapern

ZUTATEN

für 3 Gläser à 400 g

5 Lorbeerblätter

2 EL Senfsaat

Meersalz

3 große Paprika

2–3 Knoblauchzehen

1 rote Zwiebel

½ Glas Kapern

1–2 Handvoll Sauerampfer oder Dill

Siehe Bild auf Seite 44.

Lorbeerblätter, Senfsaat und 2 EL Salz mit 1 l Wasser überbrühen. Vom Herd nehmen und ziehen lassen, bis die Flüssigkeit erkaltet ist.

Paprika stückeln, Kerne entfernen. Knoblauch und Zwiebel schälen und klein schneiden. Lorbeerblätter entfernen. Lake mit allen Zutaten – außer den Kräutern – in einer Schüssel vermengen.

Kräuter klein schneiden und in die Gläser geben, dann den Rest einfüllen, festdrücken und beschweren bzw. darauf achten, dass das Gemüse mit Flüssigkeit bedeckt ist.

Mindestens 3 Tage mit aufgelegtem Deckel fermentieren lassen. Dann Deckel zudrehen und die Gläser im Kühlschrank aufbewahren.

HALTBARKEIT & VERWENDUNG

Dieses milde Ferment liefert ein etwas weicheres Gemüse – fast wie italienische Antipasti. Dazu passen alle warmen Gerichte mit Kartoffeln, Reis und Nudeln sowie Brot. Es hält etwa 6 Wochen.

Foto © shutterstock/mnimage

Die Gurke

Die Gurke ist ein Superschlankmacher, sie hat kaum Kalorien, aber schwemmt Schlacken aus dem Körper.

DIE GURKE

- wirkt stark entwässernd, hilft bei geschwollenen Beinen, Gicht und Rheuma,
- löst Verstopfung,
- senkt den Cholesterinspiegel,
- entlastet das Herz, kurbelt Nieren und Blase an,
- regt durch die enthaltenen Bitterstoffe die Verdauung an,
- wirkt – äußerlich angewendet – hauterfrischend,
- ist gut verträglich und blutzuckersenkend bei Diabetes.

SIE ENTHÄLT

- viele Basen,
- ein insulinähnliches Ferment,
- Elektrolyte,
- Melatonin (schlaffördernd),
- Peptide (helfen Eiweiße besser zu verdauen),
- die Vitamine B, C und E und
- die Mineralien Kalzium, Zink, Eisen, Magnesium, Kalium und Phosphor.

Gurken-Shiitake-Ferment Japanstyle

ZUTATEN

für 3 Gläser à 500 g

2 mittelgroße Bio-Salatgurken

100 g frische Shiitakepilze

Meersalz

Für die Soße

3 EL Sojasoße

2 EL Mushroom-Soße (Asiashop, siehe Seite 71)

½ TL sehr scharfes Chilipulver, z. B. von Sonnentor

2 TL Zucker

2 TL Mirin (japanischer Reiswein aus dem Asiashop, siehe Seite 71)

Alle Zutaten für die Soße in einer Schüssel vermischen.

Gurke in 3 cm dicke Ringe schneiden. Kerne mit einem Messer herausdrehen. Shiitakepilze klein schneiden. Pilze in die Gurken stopfen. Diese eng in die Gläser einschichten. Soße auf die Gläser aufteilen.

Aus 1 l Wasser und 2,5 EL Salz eine Lake herstellen. Salzlake in die Gläser füllen, 2–3 cm bis zum Glasrand frei lassen. Deckel auflegen.

Bei Zimmertemperatur mindestens 3 Tage fermentieren lassen. Shiitakekrümel immer wieder nach unten schieben. Dann Deckel zudrehen und Gläser im Kühlschrank aufbewahren.

HALTBARKEIT & VERWENDUNG

Das Ferment arbeitet im Kühlschrank weiter, es sollte deshalb möglichst innerhalb von 4 Wochen verbraucht werden. Diese asiatische Schönheit macht doppelt Freude: beim Betrachten und beim Essen (sie schmeckt hervorragend!).

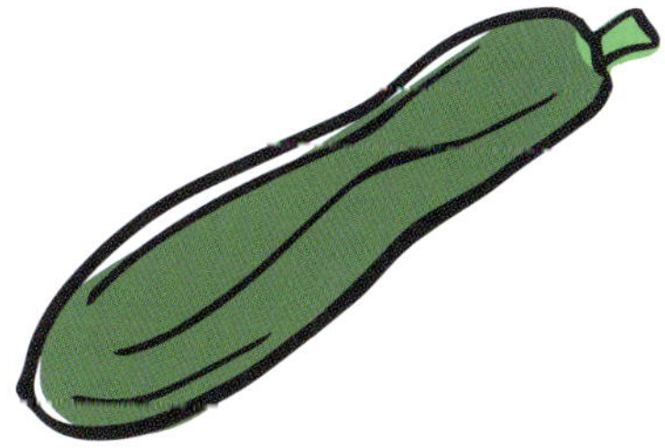

Grünes Gurken-Zwiebel-Ferment

ZUTATEN

für 3 Gläser à 400 g

1–2 Bio-Gurken
Meersalz
3 Frühlingszwiebeln
2 Handvoll Dill
1 EL Reisessig
1 EL Fischsoße
1 EL Zucker
1 EL Öl

Gurke der Länge nach halbieren, Kerne mit einem Löffel herauskratzen. Gurke raspeln. In einer Schüssel mit 3 TL Salz verrühren.

Frühlingszwiebeln sehr klein schneiden. Dill klein schneiden.

Alle Zutaten miteinander vermengen und in Gläser geben. Gläser mit Wasser auffüllen. Deckel auflegen, nicht zudrehen.

Bei Zimmertemperatur mindestens 3 Tage fermentieren. Dann Deckel zudrehen und Gläser in den Kühlschrank stellen.

HALTBARKEIT & VERWENDUNG

Das grüne Gurken-Zwiebel-Ferment sollte innerhalb von 6 Wochen verbraucht werden. Es passt zu Linsen und Kartoffelgerichten sowie Bratlingen (Laibchen).

Tipp! **VEGAN: Verwenden Sie »Fischsoße« aus Algen (siehe Seite 23) oder lassen Sie diese Zutat hier einfach weg.**

ZUTATEN

für 2 Gläser à 500–650 g

10–15 kleine Gurken (ca. 10 cm lang, längere Gurken halbieren)

Meersalz

1 Knoblauchzehe

2 Handvoll Dill

1–2 TL Chiliflocken (nach Geschmack)

5 cm Sardellenpaste

Gurkenkimchi

Siehe Bild auf Seite 48.

Gurken in die Gläser schichten.

Aus 1 l Wasser und 4 TL Meersalz eine Lake herstellen. Knoblauch schälen und klein schneiden, Dill nur etwas klein rupfen.

Chiliflocken, Sardellenpaste, Knoblauch und Dill mit der Salzlake vermischen und über die Gurken gießen. Gläser mit aufgelegtem und nicht festgeschraubtem Deckel einige Tage bei Raumtemperatur stehen lassen. Dann zuschrauben und in den Kühlschrank geben.

HALTBARKEIT & VERWENDUNG

Das Gurkenkimchi sollte innerhalb von 4 Wochen, also relativ schnell verbraucht werden. Es ist eine gute Zwischenmahlzeit und passt zu allen asiatischen Gerichten.

Tipp! **VEGAN: Verwenden Sie Algensoße (siehe Seite 23).**

Foto © shutterstock/Nitchakul Sangpetcharakun

Die Papaya

Ob grün oder orange, durch ihre entzündungshemmende Wirkung ist die Papaya auf jeden Fall eine Wunder wirkende Frucht für uns.

DIE PAPAYA

- hilft beim Abnehmen,
- reguliert die Verdauung (wirkt gegen Blähungen und Verstopfung),
- heilt nach Antibiotikaeinnahme,
- schützt vor Falten,
- wirkt cholesterinsenkend,
- bekämpft Entzündungen und
- wird als Antikrebstherapie erforscht.

SIE ENTHÄLT

- Papain (das Enzym spaltet Eiweiß für die Verdauung, bekämpft Viren, Allergene, Hefen und Pilze im Darm und unterstützt damit das Immunsystem und die Darmheilung; die grüne Papaya enthält das meiste Papain),
- die Vitamine A und C, B-Vitamine (Folsäure und Pantothensäure),
- Betacarotin sowie
- Ballaststoffe.

Frühlingshaftes Thai-Papaya-Ferment

ZUTATEN

für 3 Gläser à 400 g

1 grüne Papaya (Asiashop)

4 cm Ingwer

2 frische rote Chilis oder 2–3 Bird's Eye-Chilis

3 Handvoll Koriander

6 EL Sojasoße

3 EL Chilipaste (Asiashop oder Rezept Seite 90)

3 EL Agavendicksaft oder Zucker

Saft und Schalenabrieb von 1 Bio-Limette

bei Bedarf 2 Spritzer Fischsoße

Meersalz

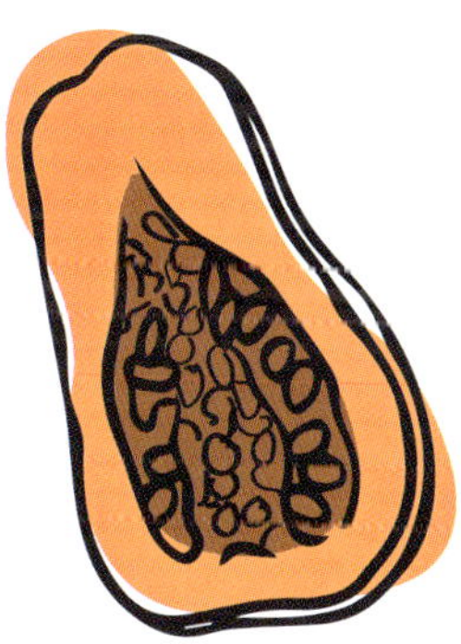

Papaya schälen und halbieren. Kerne mit einem Löffel herauskratzen. Papaya in bissgerechte Happen schneiden.

Ingwer schälen und sehr fein stückeln. Chilis und Koriander ebenfalls klein schneiden und mit allen Zutaten außer der Papaya und dem Salz in einer Schüssel zu einer Soße verrühren.

Papaya in die Gläser schichten, Soße darübergießen.

Bei Bedarf aus 1 l Wasser und 2 EL Salz eine Lake herstellen und Gläser damit auffüllen, 2–3 cm bis zum Glasrand frei lassen. Gläser mindestens 3 Tage mit aufgelegtem Deckel bei Zimmertemperatur stehen lassen. Gemüse immer wieder nach unten schieben. Dann Gläser fest verschließen und in den Kühlschrank stellen.

HALTBARKEIT & VERWENDUNG

Dieses Ferment ist extrem scharf, aber sehr lecker und gesund. Es schmeckt wie Kurzurlaub in Thailand. Dazu passen Tofu, Reis und Bratlinge (Laibchen).

Tipp! **Geraspelt und mit Soße übergossen ergibt die Papaya einen tollen Thai-Salat.**

Tipp! **VEGAN: Lassen Sie die Fischsoße weg oder verwenden Sie eine vegane Algensoße (siehe Seite 23).**

Fermentierte süßsaure Papaya

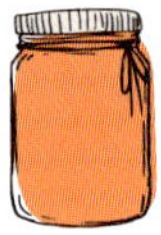

ZUTATEN

für 4 Gläser à 350–500 g

1 grüne Papaya (Asialaden)
1 Orange
1 Birne
1 Knoblauchzehe
1 frische Chili
1 EL Erdnussbutter
Saft von 1 Limette
1 EL Fischsoße
Meersalz

Papaya und Orange schälen. Papaya halbieren, Kerne mit einem Löffel herauskratzen. Papaya, Orange und Birne in mundgerechte Stücke schneiden und in eine Schüssel geben. Knoblauch und Chili klein schneiden und dazugeben. Erdnussbutter, Limettensaft und Fischsoße vermengen und über das Obst gießen. Alles gut durchrühren und in die Gläser füllen.

Aus 1 l Wasser und 2 EL Salz eine Lake herstellen. Gläser mit Salzlake auffüllen, 3 cm bis zum Glasrand frei lassen. Deckel auflegen, nicht zudrehen. Bei Zimmertemperatur mindestens 3 Tage fermentieren lassen. Dann Deckel zudrehen und Gläser in den Kühlschrank stellen.

HALTBARKEIT & VERWENDUNG

Das süßsaure Ferment ist mindestens 6 Wochen haltbar und passt am besten zu wenig gewürzten Speisen.

Tipp! **VEGAN: Verwenden Sie »Fischsoße« aus Algen (siehe Seite 23) oder lassen Sie diese Zutat hier einfach weg.**

Fermentierte Papaya

ZUTATEN

für 3 Gläser à 400 g

1 grüne Papaya (Asialaden)

2 Karotten

Meersalz

Saft von ½ Zitrone

1 TL Teriyakisoße

½–1 EL Fisch- oder Sojasoße

etwas Korianderpulver (oder Koriandergrün, klein geschnitten)

2 TL Chiliflocken

2 TL Zitronen- oder Sesamöl

Papaya und Karotten mit dem Sparschäler schälen. Papaya halbieren. Kerne mit einem Löffel herauskratzen. Papaya und Karotten raspeln.

Aus 1 l Wasser und 2 EL Salz eine Lake herstellen. Salzlake in eine Schüssel geben. Zitronensaft, Teriyaki- und Fischsoße sowie Korianderpulver, Chiliflocken und Öl hinzufügen, umrühren.

Papaya und Karotten in die Lake geben. Kurz einweichen lassen, dann in Gläser füllen, 1 cm bis zum Glasrand frei lassen. Deckel auf die Gläser legen, nicht zudrehen. Gläser mindestens 3 Tage bei Zimmertemperatur stehen lassen. Dann zuschrauben und in den Kühlschrank stellen.

HALTBARKEIT & VERWENDUNG

Die fermentierte Papaya ist frisch und fruchtig. Sie hält mehrere Monate und schmeckt besonders gut mit Kartoffelauflauf oder Rote-Bete-Kartoffel-Püree.

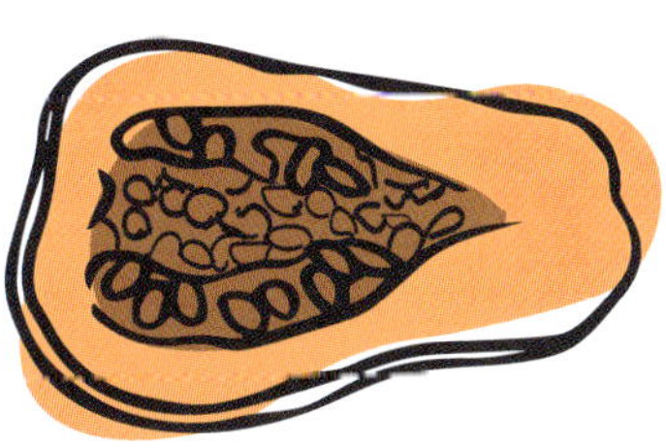

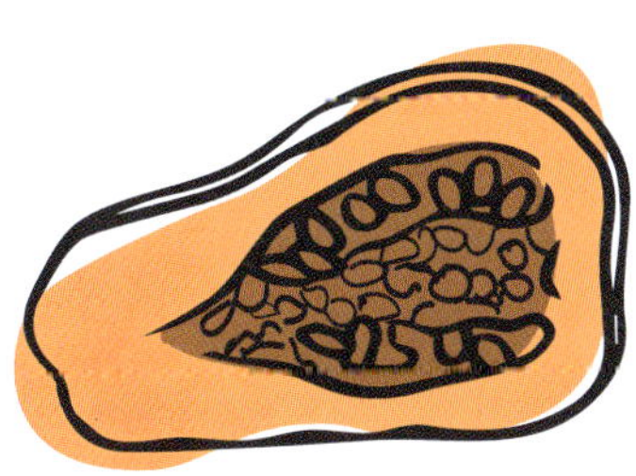

Photo © shutterstock

Foto © shutterstock/Dmitr1ch_166216452

Foto © shutterstock/gowithstock

Der Sellerie

Winterzeit ist Selleriezeit: Die Inhaltsstoffe dieser Gemüsesorte helfen gegen Pilze und Bakterien (und sind nebenbei auch noch gut für die Figur).

DER SELLERIE

- hilft beim Abnehmen,
- regt den Kreislauf und den Stoffwechsel an (das ist vor allem in Schlechtwetterzeiten wunderbar!),
- wirkt blutdrucksenkend und
- geht gegen Pilze und Bakterien in Mund und Magen vor.

ER ENTHÄLT

- die Vitamine B_1, B_2, B_{12}, C und E,
- Kalzium, Kalium,
- Eisen und
- ätherische Öle.

Kokosmilch-Sellerie-Ferment Thaistyle

ZUTATEN

für 3 Gläser à 300–500 g

2 Stangen Zitronengras

1 großer Knollensellerie

1 Handvoll Thaibasilikum

Für die Soße

150 ml Kokosmilch

1 Prise sehr scharfes Chilipulver oder 2 Bird's Eye-Chilis, klein geschnitten

2 TL gelbe oder rote Currypaste (Asiashop, siehe Seite 71)

1 EL gehackte Mandeln

2 TL Meersalz

bei Bedarf 2 TL Zucker

Alle Zutaten für die Soße mit ½ l Wasser in einen Topf geben, 2 Minuten aufkochen und dann abkühlen lassen.

Zitronengras von der äußeren Hülle befreien, vierteln und der Länge nach halbieren. Sellerie schälen und in mundgerechte Stücke schneiden. Basilikum klein schneiden. Zitronengras, Basilikum und Sellerie in die Gläser füllen und mit der erkalteten Soße aufgießen.

Es ist ratsam, Tiefkühlbeutel mit etwas Wasser zu füllen und auf das Ferment zu legen – lassen Sie beim Einfüllen also genügend Platz bis zum Glasrand. Das Gemüse sollte während des Fermentierens zwischendurch unbedingt öfters nach unten geschoben werden.

Nach dem Gärprozess, also nach ca. 3–5 Tagen, werden die Tiefkühlbeutel entfernt, die Deckel zugeschraubt und das Ferment in den Kühlschrank gestellt, wo es stark weiterarbeitet.

HALTBARKEIT & VERWENDUNG

Dieses Ferment bringt Exotik auf den Teller und passt gut zu Reis und Tofu. Es ist nur ein paar Wochen haltbar.

ZUTATEN

Selleriestangenferment

für 3 Gläser à 350–500 g

400–500 g Stangensellerie
1 Apfel
1 Zwiebel
1 Knoblauchzehe
Meersalz
1–2 Bird's Eye-Chilis
2 EL Fischsoße
1 EL Sojasoße
Saft von 1 Zitrone

Sellerie sehr klein raspeln. Apfel in 1–2 cm große Stücke schneiden. Zwiebel und Knoblauch schälen, klein hacken und mit Sellerie und Apfel vermischen. In Gläser füllen.

Aus 1 l Wasser und 1 EL Salz eine Salzlake herstellen. Chilis fein hacken. Soßen und Chilis in die Salzlake geben. Zitronensaft auf die Gläser aufteilen, mit der Lake aufgießen, dabei 2–3 cm bis zum Glasrand frei lassen.

Deckel auf die Gläser legen und erst zuschrauben, wenn der Fermentiervorgang nachlässt – also nach ungefähr 3 Tagen. Gläser kühl aufbewahren.

HALTBARKEIT & VERWENDUNG

Dieses Ferment ist im Kühlschrank lange lagerfähig, es hält etwa 6 Wochen. Dazu passen Spaghetti mit Tomatensoße, Pizza oder Quiche.

Tipp! **VEGAN: Verwenden Sie »Fischsoße« aus Algen (siehe Seite 23) oder lassen Sie diese Zutat hier einfach weg.**

Fermentierte Stangensellerie »nearly english pickled«

ZUTATEN

für 3 Gläser à 300–500 g

400–500 g Stangensellerie

1 rote Zwiebel oder Schalotte

1 Knoblauchzehe

2 EL Basilikum oder Dill

Meersalz

1 EL Zucker

1 TL Chiliflocken

2 EL Worcester- oder Sojasoße

einige ganze rosa Pfefferkörner oder schwarzer Pfeffer, gemahlen

½ Bio-Zitrone, in Scheiben geschnitten

Sellerie in ca. 1,5 cm große Stücke schneiden, Zwiebel und Knoblauch schälen und ebenfalls zerkleinern. Kräuter mit der Hand grob zerpflücken.

Aus 1 l Wasser und 1 EL Salz eine Salzlake herstellen. Alle Zutaten in die Salzlake geben und durchziehen lassen. Dann in Gläser umfüllen, dabei 3 cm bis zum Glasrand frei lassen. Deckel auflegen, nicht zudrehen.

Da Staudensellerie etwas fester ist, kann es sein, dass der Fermentierprozess länger als 3 Tage dauert. Wenn Sie das Gemüse im Glas nach unten schieben, spüren Sie, wann es »ruhiger« wird. Sie können die Gläser dann zuschrauben und in den Kühlschrank stellen.

HALTBARKEIT & VERWENDUNG

Dieses Ferment ist mehrere Monate haltbar. Der Sellerie wird durch das Fermentieren etwas milder und erhält durch die Gewürze ein mediterranes Aroma. Er schmeckt als Imbiss und zu Kartoffel- und Reisgerichten.

Foto © shutterstock/Nailya Yakubova

Der Kürbis

Der Kürbis war schon vor Jahrhunderten bei den Indianern als Heilpflanze bekannt. Er hat so viele Vorzüge, dass er nicht nur ein Halloween-Star sein sollte.

DER KÜRBIS

- lindert Entzündungs- und Infektionskrankheiten,
- unterstützt beim Abnehmen,
- stärkt die Blase,
- verhindert Prostatavergrößerungen …

… und hilft gegen

- Nierensteine,
- Hautkrankheiten,
- Krebs,
- Depressionen und
- Diabetes.

ER ENTHÄLT

- Betacarotin und Vitamin A,
- Magnesium, Kalzium und Kalium.

KÜRBISKERNE ENTHALTEN

- Antioxidantien – diese unterstützen die Abwehrkräfte und wehren freie Radikale ab.

Sie helfen bei

- Prostataproblemen und
- Reizblase (sie wirken harntreibend).

KÜRBISKERNÖL ENTHÄLT

- wertvolle Fettsäuren, vor allem Linolsäure,
- die Vitamine A, B_1, B_2, B_6, C, D und E,
- Phosphor, Kalium, Kalzium, Magnesium, Eisen, Kupfer, Mangan, Selen, Zink,
- Phytosterine (diese sekundären Pflanzenstoffe wirken cholesterinsenkend) und
- Antioxidantien.

Kürbis-Curry-Ferment

ZUTATEN

für 4 Gläser à 350–500 g

1 Hokkaido- oder ähnlicher Kürbis (800 g oder etwas mehr)

2 Knoblauchzehen

1 Zwiebel

2 cm Ingwer

1 Bird's Eye-Chili oder etwas scharfe Chilipaste

1 TL gemahlener Koriander

1 TL Kurkuma

1 TL Kreuzkümmel

1 EL Sesamöl

1 TL Kürbiskernöl

1 TL Balsamicoessig

Meersalz

Kürbis, Knoblauch, Zwiebel und Ingwer schälen und klein schneiden. Kürbiskerne entfernen. Chili ebenfalls klein schneiden. Mit den anderen Zutaten außer dem Salz vermischen und in Gläser füllen.

Aus 1 l Wasser und 2 EL Salz eine Salzlake herstellen. Gläser mit der Lake auffüllen, 3 cm bis zum Glasrand frei lassen. Gemüse festdrücken. Deckel auf die Gläser legen, nicht zudrehen.

Bei Zimmertemperatur mindestens 3 Tage fermentieren lassen. Das Gemüse immer wieder nach unten schieben. Wenn das Blubbern nachgelassen hat, Gläser fest verschließen und in den Kühlschrank stellen.

HALTBARKEIT & VERWENDUNG

Das Kürbis-Curry-Ferment ist mindestens 6 Wochen haltbar und passt zu Rohkost und Bratlingen (Laibchen).

Teriyaki-Kürbis-Ferment

ZUTATEN

für 3 Gläser à 400 g

1 Hokkaidokürbis

Meersalz

Saft und Schalenabrieb von 1 Zitrone

2 EL Teriyakisoße

2 EL Sojasoße

1 EL Reisessig

1 EL Mirin (japanischer Reiswein aus dem Asiashop, siehe Seite 71)

2 Zehen Knoblauch, gehackt

2 TL Zucker

½ TL Kräutersalz

Chiliflocken nach Geschmack

1 Spritzer Kürbiskernöl

Kürbis schälen, Kerne herauskratzen. Kürbis in bissgerechte Stücke schneiden.

Aus 1 l Wasser und 3 TL Salz eine Lake herstellen.

Alle Zutaten in einer Schüssel vermischen und durchziehen lassen. Hin und wieder umrühren. Nach einigen Minuten in Gläser füllen, 3 cm bis zum Glasrand frei lassen. Deckel nur auflegen, nicht schließen.

3 Tage bei Zimmertemperatur fermentieren lassen. Dann Deckel zuschrauben. Gläser im Kühlschrank aufbewahren.

HALTBARKEIT & VERWENDUNG

Dieses Kürbisferment ist rund 6 Wochen haltbar und passt wunderbar zu Kartoffelpüree oder -salat und Linsen.

Tipp! **Wer mag, kann auch (Wild-)Kräuter nach Geschmack oder 4 EL klein geschnittenen Grünkohl und 2 EL geschrotete Kürbiskerne untermischen. Das schmeckt besonders fein.**

Vietnamesisches Limetten-Kürbis-Ferment

ZUTATEN

für 3 Gläser à 400–500 g

800 g Kürbis nach Wahl

Meersalz

1 Bird's Eye- oder frischer roter Chili, gehackt

1 Knoblauchzehe, gehackt

1 EL Zucker

3 EL Sojasoße

2 EL Limettensaft

Schalenabrieb von 1 Bio-Limette

2 EL Kürbiskerne

Kürbis schälen, Kerne herauskratzen. Kürbis in bissgerechte Stücke schneiden.

Aus 1 l Wasser und 1 EL Salz eine Lake herstellen.

Alle Zutaten in eine Schüssel geben und vermischen. Ziehen lassen, dabei öfters umrühren. Nach einigen Minuten in Gläser füllen, 3 cm bis zum Glasrand frei lassen. Deckel nur auflegen, nicht verschließen.

3 Tage bei Zimmertemperatur fermentieren lassen. Dann Deckel zuschrauben. Gläser im Kühlschrank aufbewahren.

HALTBARKEIT & VERWENDUNG

Das Limetten-Kürbis-Ferment schmeckt süß-fruchtig, aber auch »spicy«. Es passt zu fasst allem, hält etwa 6 Wochen und ist ein tolles Mitbringsel.

Foto © shutterstock/Viktoria Hodos

Der Fenchel

»Wie auch immer er gegessen wird, macht er den Menschen fröhlich und vermittelt ihm angenehme Wärme und guten Schweiß und eine gute Verdauung.« *Hildegard von Bingen*

DER FENCHEL WIRKT

- krampflösend im Magen-Darm-Bereich,
- schleimlösend (Tee und Knolle),
- antiseptisch,
- gegen Blähungen und
  steigert den Milchfluss.

ER ENTHÄLT

- viel Vitamin C, die Vitamine A und E,
- Kalzium, Kalium, Magnesium und
- Eisen.

Asiatisches Fenchelferment

ZUTATEN

für 3–4 Gläser à 400 g

2–4 Stangen Zitronengras (Asialaden)

4 Frühlingszwiebeln

4 Zehen Knoblauch

Meersalz

1 EL Zucker

1 EL Chiliflocken oder 1 frische rote Chili

1 EL Sesamöl

2 Tassen Sake, alternativ 1 Glas Weißwein

2 Fenchelknollen (600–700 g)

2 Handvoll Shiitakepilze

Zitronengras von der äußeren Hülle befreien, vierteln und in der Mitte teilen. Zwiebeln und Knoblauch schälen und klein schneiden.

1 l Wasser mit 2 EL Salz vermischen. Salzlake mit Zucker, Chili, Zitronengras, Sesamöl und Sake 2 Minuten köcheln und dann abkühlen lassen.

Fenchel in bissgerechte Stücke schneiden, Shiitake abwischen und zerkleinern. Fenchel, Zwiebeln, Knoblauch und Pilze abwechselnd in die Gläser füllen, abgekühlte Soße darübergießen, sodass alles bedeckt ist.

Gläser mit aufgelegtem Deckel mindestens 3 Tage bei Zimmertemperatur fermentieren lassen. Das Ferment täglich mit den Fingern oder einem Plastiklöffel nach unten schieben. Wenn das Sprudeln nachlässt, Gläser fest verschließen. Im Kühlschrank aufbewahren.

HALTBARKEIT & VERWENDUNG

Diese Köstlichkeit fermentiert im Kühlschrank weiter und sollte deshalb in wenigen Wochen aufgebraucht sein. Sie schmeckt wunderbar frisch und zitronig und passt hervorragend zum Karotten-Kartoffel-Birnen-Auflauf sowie zu allen asiatischen Gerichten und Fisch.

Tipp! **Probieren Sie dieses Rezept auch mit Sellerie, Karotte oder Kürbis.**

Süßes Fenchelferment

ZUTATEN

für 3–4 Gläser à 400 g

3 EL Sojasoße

3 EL Mushroom-Soße (Asialaden)

2 EL Zucker

3 Knoblauchzehen

2 cm Ingwer

1 TL Korianderpulver

1 TL Kurkuma

etwas schwarzer Pfeffer aus der Mühle

1–2 TL rote Pfefferkörner

1 EL schwarzer Sesam

1 TL Sesamöl

1 Spritzer Worcestersoße, wenn vorhanden

5 Bio-Champignons oder Bio-Shiitakepilze

Meersalz

2 große Bio-Fenchelknollen (ca. 700–1000 g)

Soja- und Mushroom-Soße in eine große Schüssel gießen und mit dem Zucker verrühren. Knoblauch und Ingwer schälen, klein hacken und mit Gewürzen, Sesam, Sesamöl und Worcestersoße vermischen. Pilze klein schneiden und in der Soße marinieren.

Aus 1 l Wasser und 2 TL Salz eine Lake herstellen und zu den Pilzen geben.

Fenchel in kleine, etwa 1 x 1 cm große Stücke schneiden. Zu den Pilzen in die Flüssigkeit geben, ein paar Mal umrühren.

Alles in Gläser füllen, 3 cm bis zum Glasrand frei lassen.

3 Tage mit aufgelegtem, aber nicht zugeschraubtem Deckel bei Zimmertemperatur fermentieren lassen. Dann Deckel zuschrauben und Fermente in den Kühlschrank stellen.

HALTBARKEIT & VERWENDUNG

Dieses Fenchelferment schmeckt süß und fruchtig und passt hervorragend zu Suppen und Imbissen. Es ist allerdings nicht sehr lange haltbar (etwa 4 Wochen), da die Pilze sehr weich sind.

Fenchel-Radieschen-Ferment

ZUTATEN

für 3 Gläser à 300–500 g

1 Fenchelknolle

1 Bund Radieschen

2 EL gehackte Walnüsse oder Mandeln

1 EL Balsamicoessig

1 EL Olivenöl

2 EL Orangensaft

bei Bedarf ein paar Dillzweige

Meersalz

Fenchel von den äußeren Blättern befreien und in kleine Stücke schneiden. Radieschen, wenn gewünscht, halbieren. Alle Zutaten außer Dill und Salz in einer Schüssel vermischen.

Wer mag, Dill im Ganzen in die Gläser geben. Dann die anderen Zutaten einstapeln.

Aus 1 l Wasser und 2 EL Salz eine Lake herstellen und in die Gläser füllen. Deckel auf die Gläser legen, nicht zudrehen.

Bei Zimmertemperatur mindestens 3 Tage fermentieren lassen, dann Gläser fest verschließen und in den Kühlschrank stellen.

HALTBARKEIT & VERWENDUNG

Das Fenchel-Radieschen-Ferment sollte innerhalb von 4 Wochen verbraucht werden. Es passt gut zu Kartoffelrösti, Getreidebratlingen (Laibchen) und Linsen.

Foto © shutterstock/SPhotomaker

Produkte aus dem Asiashop

Ich arbeite gerne mit würzigen Produkten aus dem Asialaden. Sie geben meinen Fermenten, aber auch anderen (Gemüse-)Gerichten das gewisse Etwas, machen sie besonders würzig und einzigartig. Wenn Sie ein gut sortiertes Geschäft in der Nähe haben, besorgen Sie sich einen Grundvorrat an diesen Zutaten (siehe unten), sie werden stets gerne darauf zurückgreifen. Ist der Weg zum nächsten Asiashop allerdings weit, schauen Sie sich auch in Supermärkten um – viele führen heute bereits ein gar nicht so kleines Sortiment an Lebensmitteln aus aller Welt. Ingwer, Soja- und Teriyakisoße, Worchester- und süßsaure Asiasoße werden sie dort wahrscheinlich finden.
Finden Sie auch dort nichts, bleibt Ihnen noch immer die eigene Phantasie: Gehen Sie neue Wege und experimentieren Sie mit Alternativen oder »bauen« Sie sich die Exoten einfach nach.

HIER SIND EINIGE ANREGUNGEN

CHILIPASTE

Hauptzutaten:
Zwiebeln, Knoblauch, Zucker, Öl, getrocknete Chilis, Fischsoße (= Sardellen, Salz)
Alternative:
Chiliflocken mit Öl verrühren und ev. pürieren.

CHILISOSSE, SÜSS

Hauptzutaten:
Chili, Zucker, Essig, Knoblauch, Salz

CURRYPASTE

Hauptzutaten:
getrocknete Chili, Schalotten, Knoblauch, Zitronengras, Salz, Galgant, Kurkuma, Kreuzkümmel, Koriander (gelbe Currypaste)
Currypaste gibt es in gelb, grün oder rot. Sie ist – wie Asiasoßen – sehr lange haltbar und wird auch in Dosen verkauft, im Bioladen gibt es sie sogar in Pulverform. Das Pulver besteht aus den gleichen Zutaten, hält aber noch länger und man hat immer ein schönes Gewürz zur Hand. Sie werden sehen: Es lohnt sich, eine Currypaste vorrätig zu haben.

MANGOSOSSE

Hauptzutaten:
Zucker, Mango, Chili, Salz
Alternative:
eine Marmelade plus Chili oder eine selbst eingekochte Chili-Marmelade

MIRIN - SÜSSER REISWEIN

Hauptzutaten:
Wasser, Essig, Hefe, Sirup, Limette
Alternative:
gesüßter Wein

MUSHROOM SOY SAUCE

Hauptzutaten:
Sojasoße, Pilzextrakt
Alternative:
Sojasoße

SAMBAL MANIS

Hauptzutaten:
Pfeffer, Zwiebeln, Zucker, Knoblauch, Laos

Das passt zu Fermenten

DA FERMENTIERTES
MEIST NUR IN KLEINEN HÄPPCHEN GEGESSEN WIRD,
STELLE ICH IHNEN HIER GERICHTE VOR,
DIE HERVORRAGEND ZU FERMENTIERTEM GEMÜSE PASSEN,
OBENDREIN SEHR GESUND SIND UND
PHANTASTISCH SCHMECKEN.

Kartoffelpüree mit Roter Bete

ZUTATEN

für 4 Personen

½ kg Kartoffeln
½ kg Rote Beten (Rote Rüben)
2 EL Butter oder 100 ml Milch
½ TL Muskat
½ TL Korianderpulver
Salz
Pfeffer

Kartoffeln und Rote Beten schälen und vierteln. In Salzwasser 30 Minuten kochen. Wasser abgießen. Kartoffeln und Rote Beten stampfen. Butter oder Milch sowie Gewürze zugeben und auf der noch heißen Herdplatte einarbeiten, bis ein guter Brei entsteht. Mit Salz und Pfeffer abschmecken.

Zum Püree passen alle Fermente, vor allem aber Karotten-, Gurken- und Rotkohlfermente.

Tipp! **Für eine vegane Variante nehmen Sie 100 ml Soja- oder Mandelmilch bzw. 2 EL Sesam- oder Nussöl.**

Rettich-Rohkost

ZUTATEN

für 2 Personen

1 Rettich (15 cm)
Salz
bei Bedarf Sojasoße

Rettich sehr klein reiben. Salzen. Eventuell etwas Sojasoße hinzufügen, fertig.

Alle Kimchifermente ergänzen diese asiatische Vorspeise bestens.

Foto © shutterstock/Sergii Koval

Karotten-Kartoffel-Birnen-Auflauf

ZUTATEN

für 4 Personen

1 kg Kartoffeln
5 Karotten
Salz
2–3 Birnen
2 EL Butter oder Öl
2 EL Mehl
3 EL Sahne (Obers)
1 TL gekörnte Gemüsebrühe (Gemüsesuppenpulver)
Salz, Kräutersalz
Pfeffer
100 g Käse, z. B. Ziegenrohmilchkäse oder Ziegenrolle

Kartoffeln und Karotten waschen und mit Schale 20–25 Minuten in Salzwasser kochen. Kochwasser abgießen und ev. beiseitestellen. Gemüse abkühlen lassen. Kartoffeln, Karotten und Birnen klein schneiden und lagenweise in eine Auflaufform schichten.

Butter in einer Pfanne leicht braun werden lassen, Mehl einrühren und mit etwas Kartoffel-Karotten-Brühe oder Wasser ablöschen. Sahne, gekörnte Brühe, Salz, Kräutersalz und Pfeffer in die Mehlschwitze (Einbrenn) rühren.

Backofen auf 220 °C vorheizen. Kartoffeln, Karotten und Birnen mit der Sahnemischung übergießen und im Backofen auf mittlerer Stufe ca. 10 Minuten erhitzen. In der Zwischenzeit Käse reiben.

Käse über das Backgut in der Auflaufform streuen und alles noch einmal etwa 10 Minuten backen lassen, bis der Käse leicht gebräunt ist.

Zu diesem Auflauf passen Kimchi, Gurken-, Papaya-, Karotten- sowie Rettich-Radieschen- und Lorbeer-Paprika-Ferment.

Tipp!

Veganer ersetzen die Sahne durch Soja- oder Mandeldrink und verwenden ein Käseersatzprodukt ihrer Wahl.

Gebratener, eingelegter Tofu mit Karotten

ZUTATEN

für 4 Personen

3 Handvoll (Wild-)Kräuter
1 kg Karotten
1 EL Sesam- oder Kokosöl
1 EL Erdnussöl
etwas Kurkuma
Pfeffer
Salz und Kräutersalz
400–600 g fester Bio-Tofu
etwas Paniermehl (Semmelbrösel)
1 EL Olivenöl oder Kokosöl

Für die Marinade
4 cm Ingwer
2 Schalotten
2 Knoblauchzehen
3 EL Sojasoße
1 EL Agavendicksaft oder -zucker
1–2 TL Chiliflocken
2 EL Sesam oder Kürbiskerne

Kräuter klein hacken und beiseitestellen.

Karotten abbürsten oder, wenn notwendig, mit dem Sparschäler schälen. Der Länge nach vierteln und mit Sesam- und Erdnussöl sowie Kurkuma, Pfeffer, Salz und Kräutersalz vermengen, einige Minuten ziehen lassen. Dann auf einem Backblech ausbreiten und 15–25 Minuten bei 200 °C backen, bis sie leicht gebräunt, aber noch bissfest sind.

Ingwer, Schalotten und Knoblauch für die Marinade schälen und klein schneiden. Alle Zutaten für die Marinade miteinander vermischen.

Tofu in etwa 2 cm große Stücke schneiden und für ca. 10 Minuten in die Marinade legen. Marinade abgießen und beiseitestellen. Tofustücke im Paniermehl wälzen und in einer Pfanne mit Oliven- oder Kokosöl auf kleiner Stufe einige Minuten anbraten.

Marinade zum Nachwürzen über die Tofustücke gießen, Kräuter darüberstreuen. Tofu mit den Karotten servieren.

Zu diesem Gericht passen Rote-Bete-, Rettich-, Kürbis- und Sellerieferment sowie Hummus.

Schmorgurke

ZUTATEN

für 2 Personen

1 große Salat- oder Schmorgurke

2 große Zwiebeln

etwas Sonnenblumenöl

2 TL gekörnte Gemüsebrühe (Gemüsesuppenpulver)

½ TL Kurkuma

½ TL arabisches Gewürz (Asialaden)

2 TL Senf

1–2 EL saure Sahne (Sauerrahm) oder Schmand

etwas Kapuzinerkresse, Dill oder Sauerampfer

Gurke, wenn notwendig, schälen. Halbieren und die Kerne mit einem Teelöffel herauskratzen. In bissgerechte Stücke schneiden.

Zwiebeln schälen, klein schneiden und mit etwas Sonnenblumenöl langsam anbraten. Bevor die Zwiebeln braun werden, Gurke hinzugeben.

Gekörnte Gemüsebrühe in 200 ml Wasser auflösen. Gurke mit Gemüsebrühe aufgießen, bis alles bedeckt ist. Gewürze, Senf und Sahne dazugeben und 5–10 Minuten köcheln lassen, die Gurke soll noch knackig sein.

Kräuter fein hacken, über die Gurke streuen und umrühren.

Zur Schmorgurke passen Kartoffeln, Grünkern, Reis, Rote-Bete-Ferment, Kimchi und Getreidebratlinge.

Tipp! **Veganer verwenden statt saurer Sahne zum Beispiel Mandelcreme oder flüssige Sojacreme (Sahneersatz).**

Rote-Bete-Rohkost mit Vinaigrette

ZUTATEN

für 4 Personen

4 Karotten

2 mittelgroße Rote Beten (Rote Rüben)

10 Champignons

1–2 Stück Chicorée

2 Handvoll Wildkräuter wie Schafgarbe, Gänseblümchen, Spitzwegerich, Knoblauchsrauke, Sauerampfer, alternativ Petersilie, Dill oder Schnittlauch

Für die Vinaigrette

3 EL Olivenöl

1 EL Walnuss- oder Sesamöl

1 EL Balsamicoessig

1 EL Zitronensaft

etwas Sojasoße

etwas Teriyakisoße, wenn vorhanden

Salz, Kräutersalz

Pfeffer

Kurkuma

Karotten und Rote Beten mit dem Sparschäler schälen, abspülen. Dann mit der Gemüsereibe stifteln. Pilze mit einem Tuch abwischen und klein schneiden.

Alle Zutaten für die Vinaigrette vermischen. Pilze hinzugeben und etwas einweichen lassen. Chicorée in Streifen schneiden. Rote Beten, Karotten und Chicorée zu den Pilzen in die Vinaigrette geben. Kräuter fein schneiden und über die Rohkost streuen.

Tipp!

Diese gute und gesunde Rohkost ist – im Glas – ein perfektes Büroessen! Dazu passen Getreidebratlinge, gebratener Reis, Papaya- und Gurkenfermente.

Gemüsefenchel mit Sardellen

ZUTATEN

für 4 Personen

3 Gemüsefenchel
Salz
1 Zwiebel
1 Knoblauchzehe
etwas Öl
2 Tassen Gemüsebrühe
3–4 TL Kapern
5 Sardellen
etwas Petersilie
etwas Sauerampfer oder Schafgarbe, wenn vorhanden
Pfeffer
500 g Spaghetti
bei Bedarf etwas geriebener Parmesan

Fenchel in kleine Stückchen schneiden und mit einem ½ TL Salz bestreuen. Zwiebel und Knoblauch schälen und klein schneiden. Etwas Öl in einer Pfanne erhitzen, Zwiebel und Knoblauch anschwitzen, Fenchel dazugeben, etwa 3 Minuten anbraten. Brühe und Kapern hinzufügen, pfeffern nach Geschmack.
5–10 Minuten köcheln lassen (je nachdem, wie bissfest Sie den Fenchel mögen).

Sardellen abspülen, zerkleinern und ebenfalls in die Pfanne geben. Petersilie und Sauerampfer oder Schafgarbe abspülen, trocken schütteln und fein hacken.

Spaghetti ca. 8–10 Minuten in Salzwasser kochen. Abgießen. Kräuter zum Fenchel in die Pfanne rühren, dann die Spaghetti.

Wer mag, gibt noch Parmesan über das Gericht.

Zum Gemüsefenchel passen Rote-Bete-, Karotten- und Paprikaferment.

Tipp!

VEGAN: Lassen Sie die Sardellen einfach weg!

Kürbis-Kartoffel-Stroh

ZUTATEN

für 4 Personen

8 große Kartoffeln
ca. 400 g Hokkaidokürbis
1 Ei
Salz
Pfeffer
Senf
Kokosöl zum Braten

In der Küchenmaschine mit dem Gemüseraspler Kartoffeln und Kürbis zu Stiften zerkleinern. Ei verquirlen. Salz, Pfeffer, Senf und Ei zum geraspelten Gemüse geben.

Kokosöl in einer Pfanne heiß werden lassen. Kürbis-Kartoffel-Masse löffelweise ins heiße Fett geben. Einige Minuten von beiden Seiten anbraten.

Zum Kürbis-Kartoffel-Stroh passen Rohkost und alle fermentierten Gemüse.

Tipp! **Kürbis-Kartoffel-Stroh ist einfach und schnell gemacht.**

Tipp! **VEGAN: Veg Egg von Arche besteht aus Lupinenmehl, Maisstärke und Johannisbrotkernmehl, es hilft, die klebrige Konsistenz von Ei zu ersetzen.**

Foto: © shutterstock/Alexey Tsibin

Linsen mit Paprika

ZUTATEN

für 4 Personen

400 g Linsen (Tellerlinsen, Belugalinsen)

2 Zwiebeln

Kokos- oder Olivenöl

Salz

4 große rote Paprika oder 8 Spitzpaprika

etwas Öl

Pfeffer

1 TL Kurkuma

2 TL gekörnte Gemüsebrühe (Gemüsesuppenpulver)

1 Prise arabisches Gewürz (Bioladen)

1 Prise Chili

1 Knoblauchzehe, gehackt

bei Bedarf 125 g saure Sahne (Sauerrahm) oder flüssige Sojacreme (Sahneersatz)

etwas Petersilie

Linsen in doppelt so viel Wasser ohne Salz ca. 30 Minuten köcheln lassen.

Währenddessen Zwiebeln und Paprika verarbeiten: Zwiebeln schälen und klein schneiden. Mit Kokos- oder Olivenöl in einer großen Pfanne gemächlich anbraten, bis sie zartbraun werden. Salzen und auf einen Teller geben.

Paprika in 2–3 Teile schneiden, Kerne entfernen. Backofen auf 220 °C vorheizen. Paprika mit Salz einreiben und in einer Auflaufform oder auf Backpapier 15–20 Minuten backen. Zwischendurch einmal wenden. Wenn die Paprika leicht gebräunt sind, sind sie fertig. Etwas Öl darübergießen, pfeffern.

Kurz bevor die Linsen gar sind (also nach ca. 25 Minuten) Kurkuma, Salz, Pfeffer, Gemüsebrühe, arabisches Gewürz, Chili, Knoblauch und die gebratenen Zwiebeln dazugeben. Falls die Flüssigkeit bereits verkocht ist, noch etwas Wasser zugießen und alles noch einmal aufkochen lassen. Wer mag, füllt mit saurer Sahne oder Sojacreme auf.

Petersilie hacken und über die Linsen streuen.

Linsen und Paprika werden »nebeneinander« gegessen, was eine schöne Farbmischung ergibt.

Zu diesem Gericht passen alle Fermente.

Tipp! **Aus dem Linsengemüse kann auch ein köstlicher Salat bereitet werden – einfach mit etwas Öl und Balsamicoessig, Feldsalat (Vogerlsalat) und Chicorée anrichten.**

Reispfanne

ZUTATEN

für 2 Personen

300 g Reis

250 g Edamame (grüne Sojabohnen aus dem Asialaden) oder Tiefkühl-Erbsen, aufgetaut

Salz

1 Zwiebel

Kokosöl zum Braten

2 Eier

Pfeffer

1 EL Sesamöl

1 EL Butter

4 EL Kimchi oder ein anderes scharfes Ferment

1 EL Sojasoße

Reis am Vortag kochen.

Edamame oder Erbsen ca. 5 Minuten in Salzwasser sprudelnd kochen, sodass sie schön bissfest sind. In ein Sieb gießen. Zwiebel klein schneiden und im Kokosöl langsam anbraten, aber nicht braun werden lassen. Eier einrühren, mit Salz und Pfeffer würzen. Reis und Edamame oder Erbsen dazugeben. Mit dem Sesamöl und der Butter noch 2–3 Minuten weiterbraten, dabei öfters umrühren. Kimchi und Sojasoße hinzufügen, noch eine Minute erhitzen. Wenn die Reispfanne zu trocken ist, etwas Kimchisoße dazugeben.

Zur Reispfanne passen fruchtige Fermente wie Papaya- oder Kürbis-, Rote-Bete-, Thai-Kohl- oder Rotkohlferment.

Tipp! **Für eine vegane Variante lassen Sie die Eier einfach weg und verwenden Sie statt der Butter 1 EL Kokosfett.**

Körnerbratlinge

ZUTATEN

für 2 Personen

250 g Getreide nach Wahl

½ l Gemüsebrühe

2 Zwiebeln

2–3 EL Kräuter wie Schnittlauch, Petersilie, Majoran oder Koriander bzw. Wildkräuter wie Brennnessel oder Knoblauchsrauke

2 Eier

Senf

Salz

Pfeffer

Kokosöl

Getreidekörner in einer Kaffeemühle leicht schroten. In der Brühe 15 Minuten köcheln und dann abkühlen lassen. Nicht verkochte Brühe abgießen.

Zwiebeln und Kräuter klein schneiden. Eier verquirlen und mit Zwiebeln, Senf, Kräutern, Salz und Pfeffer mischen. Eimischung unter die noch warmen Körner heben.

Kokosöl erhitzen. Körner-Ei-Mischung mit Hilfe von 2 Löffeln portionsweise ins heiße Kokosöl geben. Jede Seite auf mittlerer Stufe ca. 3 Minuten braten.

Zu den Bratlingen passen vor allem das Gurkenferment, Rote-Bete-Ferment und Rotkohlferment.

Tipp! **Diese Bratlinge schmecken mit Weizen, Dinkel, Grünkern, Roggen, Hafer oder Buchweizen. Beachten Sie hier, dass Grünkern weniger lange geschrotet werden muss als Weizen, geben Sie also alle Körnerarten extra in die Kaffeemühle, wenn Sie Mischungen verarbeiten möchten.**

Tipp! **Für eine vegane Variante lassen Sie die Eier einfach weg und köcheln Sie die Körner etwas länger.**

Fenchel mit Gemüse

ZUTATEN

für 4 Personen

2 Gemüsefenchel
4 Karotten
1 Zucchino
1 Süßkartoffel
Salz
Pfeffer
etwas Olivenöl
4 rote Spitzpaprika
2 Zwiebeln
1 TL Zucker
2 EL Wein

Für die Nusssoße

100 g Nüsse (Haselnüsse, Walnüsse) oder Kürbiskerne
200 ml Joghurt
Salz
Pfeffer
bei Bedarf etwas Chilipulver oder arabisches Gewürzpulver (Bioladen)
etwas Öl
25 g Parmesan, frisch gerieben

Gemüse, außer Paprika, in Stücke schneiden und mit Salz und Pfeffer würzen. Backofen auf 180 °C vorheizen. Gemüse auf ein geöltes Backblech geben und ca. 15–20 Minuten backen.

Paprika in 2–3 Streifen schneiden, Kerne entfernen. Paprika salzen und in einer Auflaufform ohne Öl backen. Nach etwa 10–15 Minuten aus dem Backofen nehmen, es sollten sich noch keine schwarzen Bläschen zeigen. Zwiebeln schälen, klein schneiden und mit etwas Öl bei kleiner Hitze einige Minuten anschmoren. Kurz bevor sie braun werden, den Zucker hinzutun und mit etwas Wein ablöschen.

Ein paar Minuten bevor das Gemüse fertig gebacken ist, Paprika mit aufs Blech geben, Zwiebeln darüberstreuen.

Für die Nusssoße Nüsse in einer Kaffeemühle mahlen. Langsam in den Joghurt einrühren. Gewürze, Öl und Käse nach und nach dazugeben – es kann ruhig kräftig gewürzt werden, da das Grillgemüse mild ist.

Gemüse mit der Nusssoße anrichten.

Tipp! **Dieses Gericht ist leicht zu zaubern – und eignet sich gut, um Gäste zu bewirten. Verschiedene Fermente können auf kleinen Tellern dazu gereicht werden.**

Sellerieküchlein

ZUTATEN

für 4 Personen

1–2 Knollensellerie (600–700 g)

Salz

1 EL gerösteter Sesam oder geröstete und gemahlene Kürbiskerne

2 Tassen Wildkräuter wie Gundermann, Knoblauchsrauke, Giersch bzw. Schnittlauch oder Dill

1 Zwiebel

2 Eier

Pfeffer

1 TL Chiliflocken

1–2 EL Kokosöl

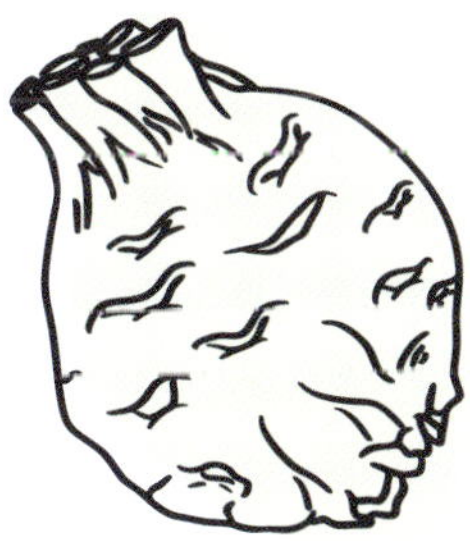

Sellerie schälen und klein schneiden. Etwa 10 Minuten in Salzwasser kochen. Abgießen und abkühlen lassen. Dann mit Gabel oder Kartoffelstampfer zu Brei verarbeiten.

Sesam bzw. Kürbiskerne in einer schweren Pfanne ohne Öl anrösten. Nach dem Abkühlen etwas häckseln.

Kräuter waschen und zerkleinern. Zwiebel schälen und klein schneiden.

Eier in eine Schüssel geben und schaumig rühren.

Danach alle Zutaten bis auf das Kokosöl gut vermischen. Im Kokosfett als kleine Küchlein ausbraten.

Zu den Sellerieküchlein passen Karottenferment, Kürbisferment, Radieschenferment und Rohkost aller Art, Linsengemüse und Kartoffelpüree.

Tipp! **Die Sellerieküchlein sind ein wunderbar gemütliches Winteressen.**

Tipp! **Mit einem Käseersatz nach Belieben wird das Gericht vegan.**

Chilisoße

ZUTATEN

für 1 Flasche

2 rote Paprika

3 Knoblauchzehen

1 frische Chili oder
1 EL Chiliflocken

3–5 Korianderwurzeln
mit Grün

2 EL Reisessig

1 EL Zucker

1 EL Fisch- oder vegane
Algensoße

1 EL Kartoffelmehl
zum Andicken

Paprika, Knoblauch, ganze Chili oder Chiliflocken und Koriander mit 100 ml Wasser pürieren und in einen Topf geben. Die anderen Zutaten (außer dem Kartoffelmehl) dazugeben. Etwa 10 Minuten leicht köcheln lassen, dabei immer wieder umrühren. Kartoffelmehl in 50 ml Wasser einrühren, dann unter die Chilisoße mischen, bis sie andickt.

Chilisoße in Flaschen oder Gläser füllen, sie ist im Kühlschrank einige Wochen haltbar und kann den unterschiedlichsten Gerichten eine erfrischende Komponente verleihen. Passt auch als Dip für Gemüse.

Chilisoße schmeckt zu Bratlingen, Reispfanne (und den dazu passenden Fermenten).

Foto © shutterstock/Beyond This Autorenfoto: Ulla Catarina Lichter

Turbowirkung bestimmter Lebensmittel für die Darmgesundheit

WER SEINEM DARM GUTES TUN WILL, DEM SEI AUCH DER GENUSS DER FOLGENDEN LEBENSMITTEL DRINGEND ANGERATEN.

CHICORÉE ODER INULIN

Chicorée wird als das gesunde Diätgemüse schlechthin gefeiert. Er enthält die Vitamine B_1, B_2, C, Carotin und Phosphor, Kalium, Kalzium und Inulin. Zudem ist er ballaststoffreich und steckt voller Bitterstoffe mit ihrer blutzuckersenkenden Wirkung. Chicorée ist gut für die Verdauung und reguliert den Säure-Basen-Haushalt. Das in diesem Gemüse enthaltene Inulin hilft der Darmflora, wieder zu gesunden.

CHILI

Chilis lassen uns schneller Fett verbrennen, kurbeln den Kreislauf an, senden Glücksbotschaften und wirken immunstimulierend. Sie sind stark antioxidativ und zügeln den Appetit. Wegen ihrer Schleimstoffe werden sie von Magen und Darm gut vertragen.

EDAMAME

Die grüne Sojabohne ist als der ideale Ersatz für Chips berühmt. Sie enthält sekundäre Pflanzenstoffe, Omega-3-Fettsäuren sowie viele Vitamine und Mineralstoffe. Edamame soll eine cholesterinsenkende, krebshemmende und knochenstärkende Wirkung haben.

FLOHSAMEN

Wie die Leinsaat haben Flohsamen eine aufquellende Wirkung – allerdings verfügen sie über einen noch höheren Schleimstoffanteil. Sie unterstützen erfolgreich die Behandlung gegen Verstopfung, Hämorrhoiden, Reizdarm, Diabetes oder entzündliche Darmerkrankungen. Flohsamen helfen, die Giftstoffe aus dem Körper zu transportieren.

INGWER

Die bekannte Wurzel unterstützt die Verdauung, wirkt antibakteriell und hilft gegen Blähungen und Verstopfung.

KNOBLAUCH UND ZWIEBEL

Weltweit finden Knoblauch und Zwiebel nicht nur als Lebensmittel, sondern auch als Heilpflanzen Anwendung. Sie sorgen durch ihre Schwefelverbindungen und Flavonoide für die Desinfektion des Darms, unterstützen die Abwehr gegen freie Radikale und wirken Arteriosklerose und Herz-Kreislauf-Erkrankungen entgegen. Die Wirkstoffe sind im rohen und gekochten Gemüse vorhanden.

KURKUMA

Die gelbe Wurzel enthält Curcumin, das äußerst erfolgreich krebsbekämpfend wirken soll, aber nur, wenn man es zusammen mit Pfeffer und Fett einsetzt. Außerdem werden der Kurkuma entzündungshemmende, antibakterielle und antioxidative Wirkungen bescheinigt. Die Leber wird unterstützt, Schwermetalle können besser ausgeleitet werden und die Immunstimulation wird angekurbelt.

LEINSAAT

Der Leinsamen schützt den Darm und bewahrt uns vor Verstopfung. In geschroteter Form quillt er im Darm auf, die Peristaltik erhöht sich, und durch die Schleimstoffe wird der Darminhalt weich und gleitfähig. Eine Schutzschicht legt sich über Magen- und Darmschleimhaut, gereizte Schleimhaut kann heilen.

LECITHIN

Der fettähnliche Stoff hilft, die Darmschleimhaut zu reparieren, was für einen Gesundungs- und Abnehmprozess extrem wichtig ist. Er ist in Eigelb, Hefe, Pflanzensamen, Nüssen, Fisch, Weizenkeimen und Soja enthalten und als Nahrungsergänzung in der Apotheke zu bekommen.

LINSEN

In der vegetarischen und veganen Ernährung kommen Linsen vielfältig zum Einsatz. Sie gelten als Superfood, sorgen – durch ihren hohen Ballaststoffanteil – für Darmgesundheit und senken den Cholesterinspiegel. Das darin enthaltene Vitamin A lässt besser sehen. Weiters liefern Linsen Zink und B-Vitamine, aber auch andere Vitamine und Mineralstoffe.

NÜSSE

Vor allem Walnüsse und Mandeln haben viele gesundheitsfördernde Eigenschaften: Sie sind cholesterinsenkend, schützen die Gefäße und bringen Omega-3-Fettsäuren in ausgewogenem Maße mit.

SANDDORN

In der Erkältungszeit ist Sanddorn ein guter »Begleitschutz«, denn er ist eine Vitamin-C-Bombe und liefert zudem Vitamin B_{12}, Eisen, Kalzium und Magnesium.

TOMATENMARK

Das vor allem in Tomatenmark oder auch gekochten Tomaten enthaltene Lycopen bekämpft freie Radikale aus der Luft und schützt damit die Haut. Weiters hilft es bei Prostataproblemen oder beugt diesen vor.

WILDKRÄUTER

Wilde Kräuter weisen einen äußerst hohen Anteil an sekundären Pflanzenstoffen, Vitaminen, Bitter- und Mineralstoffen auf. In der Natur setzen sie sich durch, ganz ohne Düngung und Pflege. Wildkräuter sind fast ganzjährig verfügbar – und gratis zu haben! Besonders schmackhaft und äußerst empfehlenswert sind Gänseblümchen, Brennnessel, Löwenzahn, Knoblauchsrauke, Giersch, Vogelmiere, Sauerampfer, Spitzwegerich und Gundermann.